MW01710065

LA PERMACULTURE

GRAHAM BURNETT

LA PERMACULTURE

UNE BRÈVE INTRODUCTION

Traduit de l'anglais (Grande-Bretagne)
par Stéphane Groleau

RÉSILIENCE

Coordination de la production : Christophe Horguelin
Graphisme : Louise-Andrée Lauzière

L'édition originale de ce livre a été publiée en 2012 par Spiralseed sous le titre *Permaculture: A Beginner's Guide*.

Dépôt légal : 2e trimestre 2013

ISBN PAPIER 978-2-89719-060-6
ISBN PDF 978-2-89719-061-3
ISBN ePUB 978-2-89719-062-0

Catalogage avant publication de Bibliothèque et Archives nationales du Québec et Bibliothèque et Archives Canada

Burnett, Graham

La permaculture : une brève introduction

(Résilience)

Traduction de la 3e éd. de : Permaculture.

Comprend des réf. bibliogr.

ISBN 978-2-89719-060-6

1. Permaculture. 2. Jardinage biologique. 3. Jardinage - Aspect de l'environnement. I. Titre. II. Collection : Résilience.

S494.5.P47B8714 2013 635'.0484 C2013-940445-7

Nous remercions le Conseil des Arts du Canada de l'aide accordée à notre programme de publication. Nous reconnaissons l'aide financière du gouvernement du Canada par l'entremise du Fonds du livre du Canada pour nos activités d'édition.

Nous remercions le gouvernement du Québec de son soutien par l'entremise du Programme de crédits d'impôt pour l'édition de livres (gestion SODEC), et la SODEC pour son soutien financier.

Conseil des Arts du Canada Canada Council for the Arts
Patrimoine canadien Canadian Heritage
Société de développement des entreprises culturelles Québec

TABLE DES MATIÈRES

PRÉSENTATION

La nature est économe, pour ne pas dire paresseuse. Tant le jardinier urbain que l'agriculteur plus ambitieux seront sans doute heureux d'apprendre qu'en imitant les façons de faire de la nature, ils sont appelés à fournir le moins d'effort possible (en fait de travail, de fertilisants, de pesticides...) pour un maximum de résultats et un minimum de pertes. Tel est le principe au cœur de la permaculture, que l'on peut aussi appliquer à l'habitation, au développement local, à toute entreprise visant à tirer avantage d'interactions fertiles.

Il n'est donc pas étonnant que le livre que vous tenez entre les mains suscite, dans sa version originale, un enthousiasme persistant dans les pays de langue anglaise, notamment dans le cadre de formations pratiques en permaculture. Graham Burnett y expose de façon limpide les principes fondamentaux d'une méthode d'agriculture et de design fondée sur l'observation attentive de la nature et de ses cycles et sur la collaboration avec l'environnement. Cette méthode compte maintenant nombre d'adeptes en France et, de plus en plus, au Québec.

La traduction de cet opuscule vivant et abondamment illustré permettra à un large public de découvrir et d'apprécier l'une des solutions de rechange les plus originales et les plus fascinantes à l'agriculture industrielle. La permaculture *trouve naturellement sa place dans la collection «Résilience», laquelle propose des outils pour participer concrètement aux changements souhaitables dans une société fragilisée par un système économique dysfonctionnel.*

L'ÉDITEUR

L'ÉTAT DE LA PLANÈTE

IL EST DEVENU BANAL de dire que nous vivons au bord d'une écocatastrophe. Pourtant, on ne saurait trop insister. L'écologie de Gaïa est une interface

entre la terre (la géosphère), l'air (l'atmosphère), l'eau (l'hydrosphère) et la vie (la biosphère). Ce délicat réseau d'interconnexions formé au cours de millions d'années est sur le point de s'écrouler sous nos yeux...

Si les 4,5 milliards d'années d'histoire de la Terre pouvaient être compressées en 30 jours, la vie sous forme de simple bactérie apparaîtrait le dixième jour et les premiers vertébrés ramperaient sur la terre ferme autour de la vingt-cinquième journée. *Homo sapiens* (l'espèce humaine) apparaîtrait approximativement une minute avant minuit le trentième jour. La révolution industrielle serait survenue pendant la dernière fraction de seconde de cette minute. Au cours de cet instant, le visage de la planète a pratiquement changé autant que durant toutes les périodes précédentes.

Cependant, ce petit livre ne se veut pas un nouveau catalogue des horreurs de la dévastation de l'environnement. Il porte sur les solutions et la recherche de moyens pour que le nouveau millénaire soit écologique, harmonieux et soutenable.

La crise écologique est en grande partie une conséquence des habitudes de consommation occidentales. La permaculture consiste à reconnaître cela et à assumer nos responsabilités à l'égard de nos actes et de notre planète afin de modifier nos comportements de consommation et d'exploitation pour recréer un monde sans destruction ni pollution. Un monde où nous puissions tous jouir d'un air propre, d'une eau potable, d'une nourriture saine, d'un travail valorisant et de loisirs enrichissants. Où nous pourrons régénérer la Terre et faire évoluer la société en harmonie avec le monde naturel dont nous sommes partie intégrante.

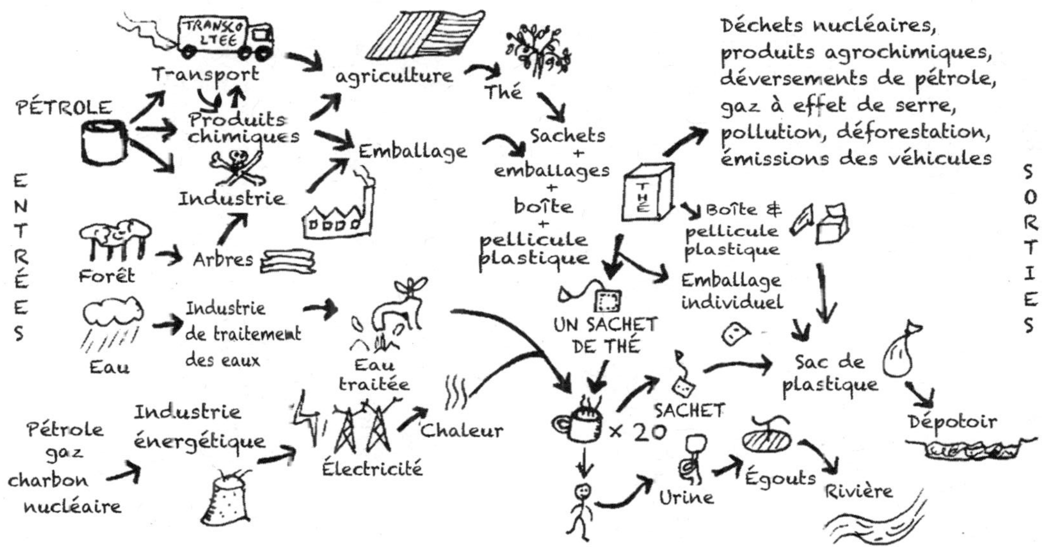

LA TASSE DE THÉ INDUSTRIELLE

QU'EST-CE QUE LA PERMACULTURE ?

Le mot *PERMACULTURE* a été inventé vers le milieu des années 1970 par deux Australiens, David Holmgren et Bill Mollison, pour décrire le système de design élaboré en réponse à ce qu'eux et beaucoup d'autres dans le monde voyaient comme de sérieux défis pour la survie de chacun de nous.

À l'origine dérivée des mots *agriculture permanente*, la permaculture a évolué au-delà de la seule recherche de stratégies de production alimentaire viables. Aujourd'hui, c'est un mouve-

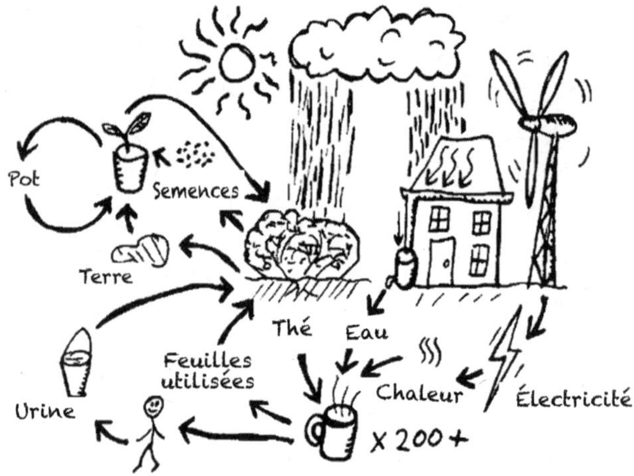

LA TASSE DE THÉ EN PERMACULTURE

ment mondial intéressé à toutes les façons dont nous, êtres humains, pouvons vivre harmonieusement en relation avec notre Terre et ses ressources limitées.

La permaculture a désormais probablement autant de définitions qu'elle a de praticiens, mais celle-ci semble particulièrement utile :

La permaculture consiste à créer des habitats soutenables pour les humains en suivant les modèles de la nature.

C'est une belle petite phrase, mais que signifie-t-elle ?

Il semble souvent y avoir de la confusion à l'égard de ce que représente vraiment la permaculture. D'entrée de jeu, disons que ce n'est *pas* un ensemble de techniques de jardinage (bien que ce soient là ses origines, et, comme nous le verrons, une philosophie de jardinage est un principe important de l'approche permaculturelle). Ce n'est pas non plus une philosophie Nouvel Âge pseudo-mystique. J'ai aussi entendu dire que pour faire de la permaculture, vous deviez « acheter une terre ». C'est encore un mythe. La permaculture repose sur le gros bon sens et la logique. Sa pratique est ouverte à tout le monde, quelle que soit leur situation ou le solde (positif ou négatif !) de leur compte bancaire.

(Une autre définition que nous aimons est : *Révolution déguisée en jardinage biologique*...)

On peut voir la permaculture comme un système de conception ou de design qui étudie comment les éléments sont placés en relation les uns avec les autres en vue de maximiser leur efficacité. L'objectif est de créer un tout autosuffisant, à faible niveau d'intrants, à rendements élevés et exempt d'exploitation.

LE CONTE DE DEUX VILLES…

En ce début de millénaire, nombre de paysages urbains sont carrément déprimants. Une mauvaise planification et la récession ont occasionné de la pollution, du chômage, de la pauvreté, de l'itinérance, de l'isolement, de l'ennui, des niveaux élevés de criminalité et des abus de drogue et d'alcool. Les aliments de bonne qualité, les services de soins de santé décents et les espaces verts sont souvent difficiles à trouver. Les problèmes sont compliqués par le peu d'argent disponible dans la communauté, la majorité de l'argent étant drainé par les multinationales et les chaînes de supermarchés tandis que les entreprises locales font faillite.

Toutefois, beaucoup de gens désirant une meilleure vie trouvent des solutions, lancent des initiatives qui augmentent l'autonomie, l'indépendance économique et la qualité de l'environnement, ou font campagne en leur faveur.

Par exemple...

Des jardins communautaires

Au lieu d'être vendus à des promoteurs immobiliers, des terrains vagues ou abandonnés ont été « adoptés » par des groupes locaux qui les ont transformés en ressources communautaires, créant des parcs et des espaces verts où les gens peuvent se rencontrer, jardiner et se détendre.

Des parcelles de terre biologiques

Elles permettent de cultiver des aliments sains, frais et garantis sans organismes génétiquement modifiés (OGM) ni trace de pesticides ou d'engrais artificiels.

Des systèmes de compostage communautaire

Le recyclage des « rebuts » organiques tels que le gazon coupé, les résidus de cuisine, les « mauvaises herbes » du jardin, les résidus d'élagage, les feuilles mortes et autres réduit la pression sur les précieux sites d'enfouissement ainsi que sur les tourbières.

Des SEL (systèmes d'échanges locaux)

Un SEL est un système permettant d'échanger et de partager des biens et des services sans recourir à l'argent tout en gardant les transactions à l'intérieur de la communauté. On y contribue par ses compétences, son énergie et son temps.

Des campagnes en faveur de pistes cyclables

Un réseau de pistes cyclables bien intégrées au milieu augmente considérablement la capacité des cyclistes à se déplacer en ville, favorisant des rues plus sécuritaires et une meilleure qualité de l'air.

Toutes ces initiatives favorisent des modes de vie moins propices au stress, à l'aliénation et à l'endettement, moins dépendants d'une agriculture écologiquement dommageable et d'une industrie centrée sur l'automobile et sur l'argent. Mais prise de façon isolée, aucune de ces initiatives ne représente la permaculture.

En revanche, quand nous les prenons comme des *éléments* et que nous commençons à faire des liens, nous pouvons voir à quel point leur efficacité peut être amplifiée.

Faisons quelques liens...

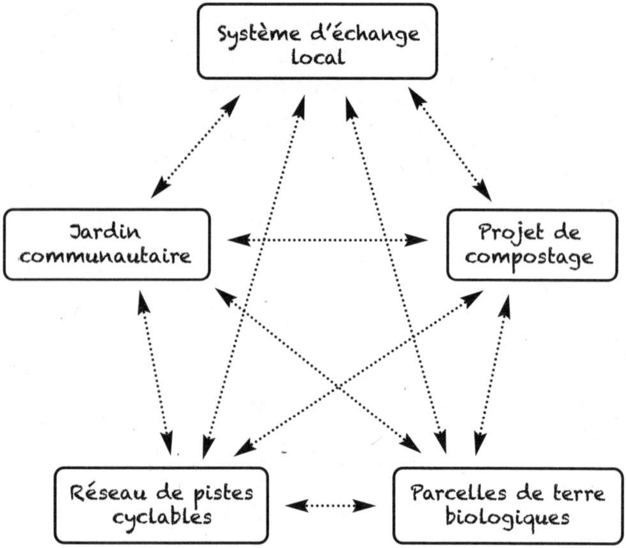

Grâce au compost fabriqué localement, on crée des parcelles de culture fertiles dans les jardins communautaires. Les légumes biologiques produits peuvent être vendus sous forme de paniers à des familles par l'intermédiaire du SEL. Puisque tous les consommateurs habitent le voisinage immédiat, on peut se servir de vélos à remorques pour la distribution ainsi que pour la collecte des résidus de cuisine compostables et des déchets de jardin, lesquels sont versés dans les bacs situés au centre du jardin communautaire...

Ainsi, les cinq très bonnes initiatives ont été intégrées, mises en relation les unes avec les autres pour former le début d'un système autoentretenu qui fait circuler l'énergie et où le tout est infiniment plus grand que la somme des parties...

Sans trop d'efforts, mais avec une planification réfléchie et une dose de gros bon sens, le découragement et le désespoir propres à la « destructoculture » du centre-ville sont remplacés par une communauté autosuffisante, à échelle humaine, écologiquement harmonieuse, à faible niveau d'intrants et à haut rendement. Littéralement, c'est l'essence même de la permaculture : une *culture permanente*.

Et ce n'est pas une culture statique. De plus en plus d'éléments peuvent être ajoutés avec le temps : lieux de rencontre communautaires, cours arrières collectivisées, systèmes de traitement des eaux grises, toilettes à compost, centres de soins de santé holistiques, roselières, étangs, forêts nourricières et vergers, écoles écologiques, serres solaires, parterres de consoude et écobâtiments.

Des associations bénéfiques basées sur l'entraide mutuelle peuvent ainsi s'établir autant entre les plantes qu'entre les gens...

L'énergie positive crée une croissance soutenable lorsque, doucement, nous commençons à jardiner notre monde vers le retour de la santé et de la vie.

ÉTHIQUE ET PRINCIPES

La permaculture est une approche diversifiée et holistique qui a des applications dans tous les aspects de la vie. Au cœur de tout projet de design en permaculture se trouve néanmoins un ensemble de valeurs fondamentales, que l'on peut résumer ainsi : respect de la Terre, souci des gens et partage équitable.

Respect de la Terre

Reconnaître que la Terre, Gaïa, est à la base de toute vie et la respecter en conséquence. Les pratiques agricoles et industrielles dominantes engendrent des environnements pollués, des aliments pauvres, des sols contaminés et érodés, une exploitation éhontée des peuples et des ressources du « tiers-monde », la destruction des écosystèmes et la perte de la biodiversité. Notre objectif premier doit être de rétablir l'équilibre en changeant notre manière de vivre. Nous devons également nous rappeler que Gaïa est habitée par d'innombrables autres espèces qui ont tout autant le droit de vivre ici.

Souci des gens

Se soutenir les uns les autres pour changer nos façons de vivre afin qu'elles ne nuisent ni à nous-mêmes ni à la planète. Par exemple, développer des habiletés de communication et d'écoute, créer des communautés qui répondent aux véritables besoins des gens, s'assurer que tous ont accès à un travail valorisant et à des loisirs enrichissants...

Partage équitable

Reconnaître que les ressources de la Terre ne sont pas infinies. Il s'agit de briser les vieilles habitudes d'acquisitivité qui sont responsables de l'exploitation et de la dévastation globales. Notre mode de vie fondé sur le consumérisme (même « écoresponsable »), les cultures commerciales et le pétrole est insoutenable, et le temps nous est compté.

La permaculture ne consiste pas à assimiler d'innombrables faits, statistiques, noms latins et techniques compliquées. Il s'agit plutôt de reconnaître des principes et des motifs universels et d'apprendre à appliquer ces « truismes écologiques » dans nos jardins et notre vie.

Nous pouvons identifier les formes sous-jacentes qui sont récurrentes dans la nature et apprendre à les comprendre et à les utiliser dans la conception de systèmes écologiques.

UN MINIMUM D'EFFORT POUR UN MAXIMUM DE RÉSULTATS

FOURNIR D'ÉNORMES EFFORTS pour « dompter la nature » (endiguer des fleuves, inonder des plaines ou créer et maintenir un sol dénudé par la charrue) est insoutenable, énergivore et destructeur. Cela s'avère également inutile quand on peut répondre aux besoins des gens et de l'environnement en travaillant en harmonie avec les systèmes naturels ou en les utilisant directement.

Au lieu d'utiliser massivement des intrants chimiques pour lutter contre les ravageurs, pourquoi ne pas encourager des prédateurs comme les coccinelles et les syrphes à faire le travail pour nous ?

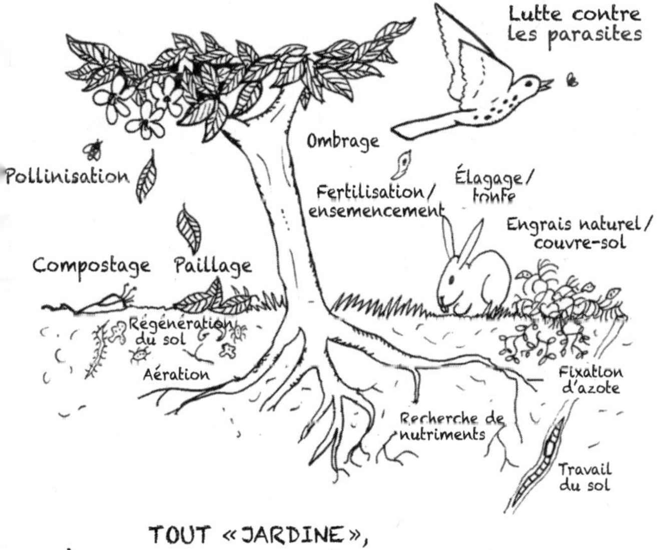

TOUT « JARDINE »,
C.-À-D. MODIFIE SON ENVIRONNEMENT

Ou construire des maisons qui utilisent l'énergie solaire passive et l'énergie éolienne plutôt que de construire des centrales nucléaires ?

Intervenir dans les écosystèmes cause souvent du stress et brise l'harmonie. Bien que des modifications soient parfois nécessaires, il est toujours préférable de passer un peu de temps à réfléchir aux raisons qui les justifient plutôt que de s'engager de manière inconsidérée dans le changement pour le changement.

UNE HIÉRARCHIE DES INTERVENTIONS

Niveau de préférence	Intervention	Exemple	Commentaire
1	Ne rien faire	Il y a des pucerons sur les gourganes ? Commencez par observer : ils risquent de ne pas faire trop de dégâts.	La nature a une façon de mettre en œuvre ses propres poids et contrepoids. Attendez de voir ce qui se passe. Souvent les problèmes se régleront d'eux-mêmes, ou d'autres relations bénéfiques que vous ignoriez se manifesteront…
2	Biologique	Encouragez ou introduisez délibérément des prédateurs de pucerons, par exemple des coccinelles ou des syrphes, en plaçant des plantes attractives ou des abris à proximité pour leurs larves. →	Apporter des changements indirects dans l'environnement peut soit ramener le système à l'équilibre, soit faire pencher légèrement la balance en votre faveur.
3	Physique	Enlevez les pucerons à la main ou en pulvérisant de l'eau savonneuse. →	Parfois, une intervention directe est nécessaire, surtout lorsqu'une situation porte préjudice à votre capacité de répondre à vos besoins. Cependant, quand on commence à faire régulièrement de telles interventions physiques, on s'engage sur une voie qui requiert beaucoup d'intrants et d'entretien, et il est souvent impossible de faire marche arrière.
4	Chimique	Utilisez des pesticides chimiques pour lutter contre les pucerons	Si une mesure aussi draconienne est nécessaire, quelque chose est fondamentalement déséquilibré. Il peut être judicieux de repenser le système.

Pensez à d'autres situations de la vie où une hiérarchie des interventions pourrait s'appliquer, par exemple dans l'aménagement d'un terrain, dans les relations humaines, au travail, à l'égard de votre santé, face à des enjeux communautaires locaux, etc.

TRANSFORMER LES PROBLÈMES EN SOLUTIONS

C'EST LA FAÇON dont nous regardons les choses qui les rend avantageuses ou non. Comme disait Bill Mollison : « Vous n'avez pas trop de limaces, vous avez un déficit de canards. »

MAUVAISES HERBES OU BÉNÉVOLES ?

Une mauvaise herbe est souvent décrite comme une plante qui pousse au mauvais endroit. Pourtant, avec un petit changement de perspective, la définition pourrait devenir « plante dont les vertus n'ont pas encore été découvertes ». La nature a horreur du vide, et tout sol laissé à nu sera rapidement colonisé par des plantes indigènes sauvages ou « bénévoles ». Plutôt que de constamment se battre pour les éradiquer, pourquoi ne pas adopter une approche plus tolérante ?

Ortie commune
Urtica dioica

Effectivement, si on leur laisse la moindre chance, les « mauvaises herbes » ramèneront très rapidement les terres cultivées à l'état sauvage. De plus, elles peuvent entrer en compétition avec nos cultures alimentaires. Permettez-leur tout de même de croître entre les zones productives. Elles augmentent la biodiversité, agissent comme accumulateurs dynamiques (leurs racines puisent dans le sous-sol des minéraux qui peuvent être déficients en surface) et attirent la faune. Elles peuvent aussi être récoltées pour faire du compost, un paillis (avant qu'elles ne fleurissent et ne montent en graine !), pour leur valeur nutritive ou médicinale et pour leurs nombreuses autres utilisations que notre culture de « rayon jardinage » a largement oubliées...

QUELQUES « MAUVAISES HERBES » UTILES

Espèce (Nom latin)	*Utilisations principales*	*Indicateur*	*Minéraux*
Chénopode blanc/Chou gras *Chenopodium album*	Feuilles et graines comestibles, haute teneur en vitamine B1 et B2, et potentiel comme culture céréalière. « Ses feuilles dispersent, captent et transportent l'eau vers les petites plantes voisines » (A.W. Hatfield).	Sol fertile	Fe, K, N
Chiendent *Agropyrons repens*	Peut retenir les sols instables (les dunes, par exemple), fournit une matière abondante pour le compost et le paillis (pas les racines!), plante médicinale (considérée antirhumatismale, utilisée pour traiter la goutte, la lithiase urinaire, les calculs rénaux, l'inflammation catarrhale de la vessie, la cystite). En Europe, plante fourragère pour le bétail et les chevaux.	Persistant dans tous les sols	K, Cl, Si
Gaillet gratteron *Galium aparine*	Plante médicinale (diurétique, nettoyant lymphatique, légèrement astringente, utilisée comme tonique printanier pour nettoyer les toxines hivernales), alimentaire (dans les soupes et dans les desserts, légèrement bouillie comme substitut aux épinards).	Sol fertile	Na, Ca
Ortie dioïque *Urtica dioica*	Plante comestible (substitut d'épinards, bière), médicinale (astringente, diurétique, nutritive, arrête les saignements, active la circulation, favorise l'écoulement du lait, abaisse la glycémie, prévient le scorbut), fibres, teinture, fertilisant liquide.	Sol fertile, haute teneur en azote	N, Si, Fe

QUELQUES « MAUVAISES HERBES » UTILES (SUITE)

Espèce (Nom latin)	*Utilisations principales*	*Indicateur*	*Minéraux*
Pissenlit *Taraxacum officinale*	Toutes les parties sont comestibles (feuilles en salade, racines torréfiées comme « café », fleurs pour le vin). Plante médicinale (feuilles : diurétique, tonique pour la digestion et le foie ; racines : tonique pour le foie, favorise l'écoulement de la bile, diurétique, laxatif doux, antirhumatismal). Fertilisant liquide.	La plupart des sols	Na, Si, Mn, Ca, K, P, Fe, Cu
Prêle des champs *Equisetum arvense*	Plante médicinale (astringente, arrête les saignements, diurétique, anti-inflammatoire, cicatrisante). Fertilisant liquide, utilisé dans des préparations biodynamiques.	Sol pauvre	Si, Ca, Co, Au
Rumex *Rumex spp*	Cette plante de la famille de l'oseille est comestible (selon certains !). Utile comme ingrédient pour le compost, mais ne la laissez pas monter en graine !	La plupart des sols	Ca, K, P, Fe
Séneçon vulgaire *Senecio vulgaris*	On dit qu'il a des vertus légèrement purgatives, utile comme traitement contre les vers, lotion apaisante pour la peau, protection contre le scorbut. Utilisé comme fourrage pour les porcs, les chèvres, les lapins et la volaille.	Sol fertile, cultivé	Fe
Stellaire moyenne *Stellaria media*	Plante comestible (en salade ou légèrement cuite à la vapeur), agricole (couvre-sol, engrais vert), médicinale (vertus astringentes, antirhumatismales, cicatrisantes, émollientes)	Sol fertile	K, P, Mn

Attention : aucun traitement médical à base de plantes médicinales ne devrait être entrepris sans la supervision d'une personne qualifiée.

CHAQUE FONCTION DEVRAIT ÊTRE REMPLIE PAR PLUSIEURS ÉLÉMENTS

DANS UN SYSTÈME, aucun élément ne devrait être indispensable au point que sa défaillance aurait des conséquences désastreuses. Si, au contraire, on trouve une solution de rechange pour chaque élément, le système pourra continuer à fonctionner quoi qu'il arrive.

Si nous consacrons toute notre terre à une seule culture (monoculture) et que celle-ci échoue, nous mourons de faim.

Mais si nous cultivons une gamme de plantes comestibles aussi large et diversifiée que possible (un système de polyculture), nous avons à manger même si certaines cultures ne se rendent pas jusqu'à la récolte.

De même, dans notre vie quotidienne, il est logique d'acquérir un éventail d'habiletés aussi large que possible. Une personne n'ayant eu qu'un seul emploi spécialisé bien rémunéré durant toute sa vie professionnelle est beaucoup moins en mesure de se remettre d'un licenciement qu'une personne gagnant plusieurs petits revenus d'une variété de sources.

CHAQUE ÉLÉMENT DEVRAIT REMPLIR PLUSIEURS FONCTIONS

L'INVERSE EST ÉGALEMENT important : si vous avez acquis les compétences pour tailler les pommiers, réparer un ordinateur, jouer de la guitare, cuisiner pour un groupe, divertir les enfants, faire fonctionner une presse d'imprimerie, réparer une gouttière, dessiner et peindre, conduire un tracteur, utiliser un logiciel de traitement de texte, installer une éolienne, donner un massage, jongler, animer un atelier de photographie et construire un bac à compost, non seulement vous êtes mieux outillé pour gagner votre vie dans une variété de circonstances, mais vous-même devenez plus précieux en vertu de ce que vous êtes en mesure d'offrir aux autres...

En raison de leurs multiples fonctions, les arbres sont pratiquement omniprésents dans le design permaculturel. Non seulement ils fournissent de la nourriture, du combustible et des matériaux pour les humains, mais leurs transactions énergétiques apportent une myriade d'effets bénéfiques à l'ensemble des systèmes planétaires.

QUELQUES PRODUITS ET FONCTIONS D'UN ARBRE

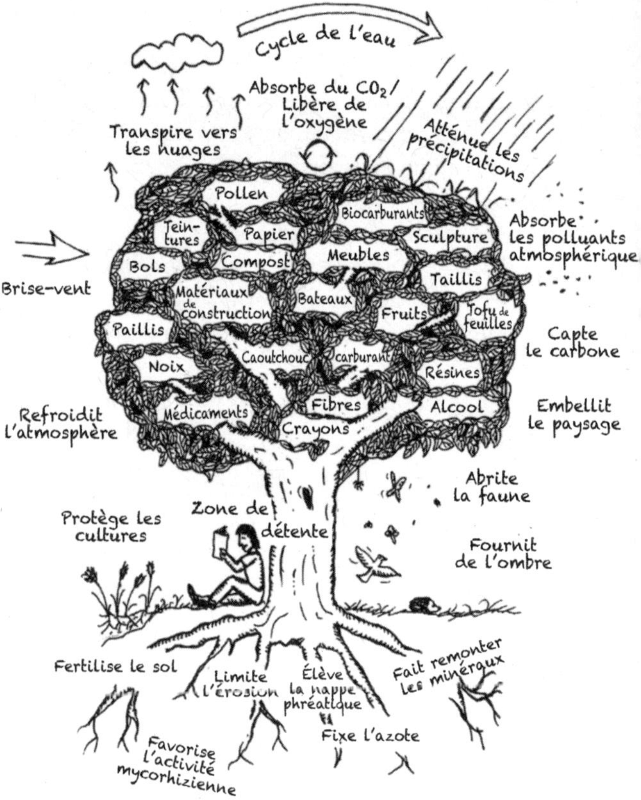

DES RENDEMENTS LIMITÉS SEULEMENT PAR L'IMAGINATION

HABITUELLEMENT, LE *RENDEMENT* désigne la quantité de matière produite (par exemple, la quantité de pommes de terre, de céréales) calculée par rapport aux ressources ou aux efforts investis. Cependant, il n'y a aucune raison de ne pas élargir cette définition afin d'y inclure les informations et les leçons apprises, l'expérience acquise, les avantages de l'exercice et du plein air sur la santé, ou tout simplement le plaisir...

Le plaisir de se détendre avec un ou une amie et une bouteille de vin au soleil couchant n'est-il pas un rendement de votre jardin tout autant que 25 kilos de carottes ou de pommes de terre?

Dans le design permaculturel, nous serons constamment amenés à trouver de nouvelles niches et de nouvelles associations bénéfiques, à favoriser l'apprentissage de nouvelles techniques, l'essai de nouvelles idées et l'acquisition de connaissances. En comprenant et en copiant les systèmes naturels, nous pouvons développer des techniques pour multiplier consciemment ces opportunités.

Augmenter la bordure

L'interface, ou *écotone*, est l'endroit où deux milieux écologiques se rencontrent, comme la lisière d'une forêt ou le littoral. Un tel environnement a

tendance à être plus synergétique. Il soutient l'activité biologique de chaque côté de la zone de transition et en même temps abrite des espèces adaptées à ses propres conditions. Ce milieu s'avère donc très productif.

Empilements

Contrairement à ce que l'on observe dans la plupart des jardins cultivés, la nature ne compartimente pas ses cultures en mettant les plantes ornementales à un endroit, les légumes à un autre et les arbres fruitiers à un troisième. En forêt, les arbres de grande et de moyenne taille, les arbustes, les plantes grimpantes et les plantes herbacées occupent le même espace et s'« empilent », chacun cherchant à combler ses besoins au sein de sa

La permaculture cherche à multiplier et à accroître partout où c'est possible les interfaces et leurs effets bénéfiques, y compris entre les gens et les idées.

« strate » particulière dans le système. Une *forêt nourricière* est une tentative de reproduire cet étagement, en remplaçant les plantes sauvages de la forêt par des fruits, des fines herbes, des légumes et d'autres plantes utiles aux humains.

UNE FORÊT NOURRICIÈRE :
SEPT NIVEAUX DE BÉNÉFICES

1. Canopée (grands arbres fruitiers et à noix)
2. Strate des petits arbres (arbres fruitiers nains, arbustes)
3. Strate buissonnante (baies)
4. Strate herbacée (consoude, betteraves, fines herbes)
5. Rhizosphère (légumes-racines)
6. Surface du sol (couvre-sol, comme fraises, etc.)
7. Couche verticale (plantes grimpantes, vignes)

SUCCESSION

Cette technique mime les changements qui se produisent dans la structure et la fonction d'un écosystème au fil du temps.

①

②

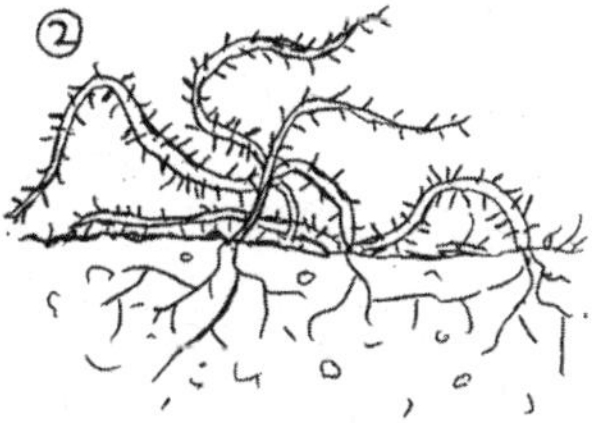

Lorsqu'un terrain, par exemple un champ ou une parcelle de terre, est retiré de la production, il est rapidement colonisé par des plantes couvre-sol comme le mouron des oiseaux ou les vesces, dont les graines peuvent déjà être dans le sol. Elles sont suivies d'autres plantes à racines profondes capables d'extraire des éléments nutritifs, tels les rumex, les pissenlits et les chardons.

Ces plantes reconditionnent le sol, ramenant la fertilité perdue et les minéraux manquants, ouvrant la voie à la phase suivante des broussailles, comme la ronce et le buisson ardent.

La présence d'épines dans les broussailles protège les bouleaux, sureaux et autres plantules d'essences pionnières contre le broutage par la faune, ce qui leur permet de s'établir.

Avec le temps, ces arbres dont la vie est relativement brève céderont la place à de feuillus à croissance plus lente tels le chên et l'érable. Une terre cultivée que l'on cesse de perturber retourner à la forêt climacique en l'espace de quelque années.

Des techniques traditionnelles comme la gestion des forêts par recépage (voir page 113) et la rotation des cultures sont basées sur une compréhension des principes de l'« empilement dans la quatrième dimension » qu'est la succession.

TOUT FAIT PARTIE D'UN CYCLE : LES SORTIES DEVIENNENT DES ENTRÉES

DANS LE MONDE NATUREL, la pollution n'existe pas. À l'intérieur d'un écosystème, chaque « déchet » est utile ailleurs dans le système.

LE CYCLE DE L'AZOTE

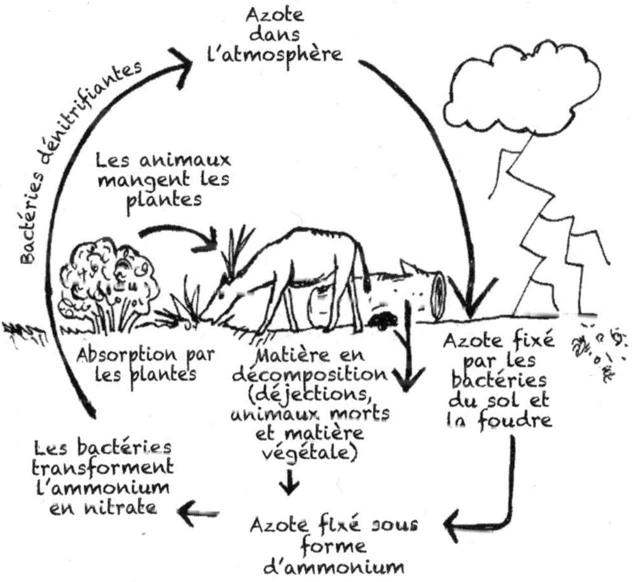

AU COMMENCEMENT ÉTAIT L'ÉTRON...

Lorsque nous jetons nos déchets corporels à la mer, non seulement nous causons de la pollution, mais nous gaspillons en même temps une précieuse ressource. Composter nos excréments réhabilite le cycle de la fertilité...

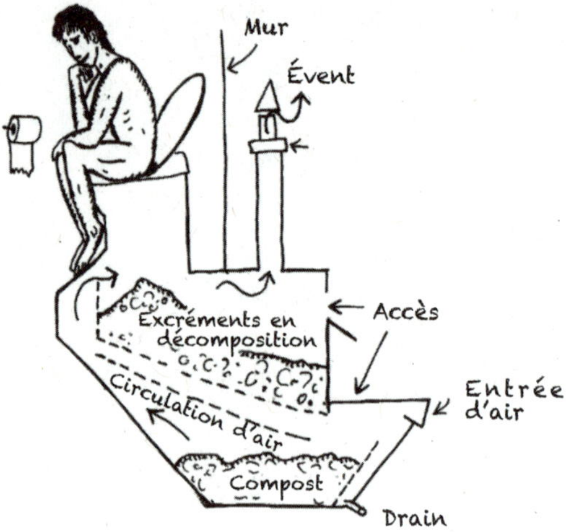

COUPE TRANSVERSALE
D'UNE TOILETTE À COMPOST MULTRUM

La production d'un compost d'excréments humains de qualité requiert un lent processus de compostage thermophile (un an ou plus) qui détruit soigneusement tous les pathogènes et autres organismes nuisibles. Un tel compost s'utilise préférablement comme paillis pour les arbustes ou les arbres fruitiers plutôt que directement près des légumes racines ou des salades.

POSITIONNEMENT : ZONES, SECTEURS ET PENTES

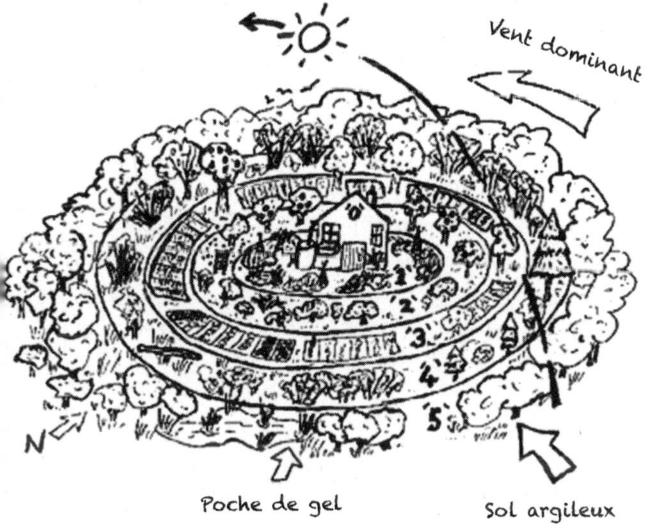

LE ZONAGE CONSISTE à positionner des éléments de la manière la plus appropriée possible. Les zones sont numérotées de 0 à 5 et peuvent être vues comme une série d'anneaux concentriques partant d'un point central, où l'activité humaine et le besoin d'attention sont les plus concentrées, jusqu'à la zone où aucune intervention n'est nécessaire.

Zone 0

C'est la maison, ou le point central. Ici, les principes de permaculture seront appliqués de manière à réduire les besoins énergétiques et la consommation d'eau, à exploiter les ressources naturelles comme le soleil et, plus généralement, à créer un environnement soutenable et harmonieux dans lequel il fait bon vivre, travailler et se détendre.

Zone 1

C'est la zone la plus près de la maison, où sont placés les éléments du système qui nécessitent une attention soutenue ou qui ont souvent besoin d'être visités, par exemple les cultures de salades, de fines herbes, de petits fruits comme les fraises ou les framboises, la serre, les couches froides, la pépinière, l'espace à semis, le vermicompost pour les déchets de la cuisine, etc.

Zone 2

Cette zone est utilisée pour l'implantation des plantes vivaces nécessitant un entretien moins fréquent, comme le contrôle occasionnel des mauvaises herbes (de préférence par des méthodes naturelles telles que le paillage localisé) ou la taille, y compris les groseilliers et les vergers. Ce serait aussi un bon endroit pour les ruches, les grands bacs à compostage, etc.

Zone 3

Ici se trouvent les cultures principales, pour usage tant domestique que commercial. Après implantation, l'attention et la maintenance nécessaires sont assez minimes si, par exemple, des paillis sont utilisés. L'arrosage ou le contrôle des mauvaises herbes se fait environ une fois par semaine.

Zone 4

Cette zone semi-sauvage sert principalement à la production de fourrage, à la cueillette de plantes sauvages ainsi qu'à la production de bois. Un exemple pourrait être une forêt de taillis entretenue.

Zone 5

Dans cette zone réservée à la nature sauvage, il n'y a aucune intervention humaine hormis l'observation des cycles et des écosystèmes naturels. C'est là que nous apprenons les leçons les plus importantes du premier principe de la permaculture : travailler avec la nature et non contre elle.

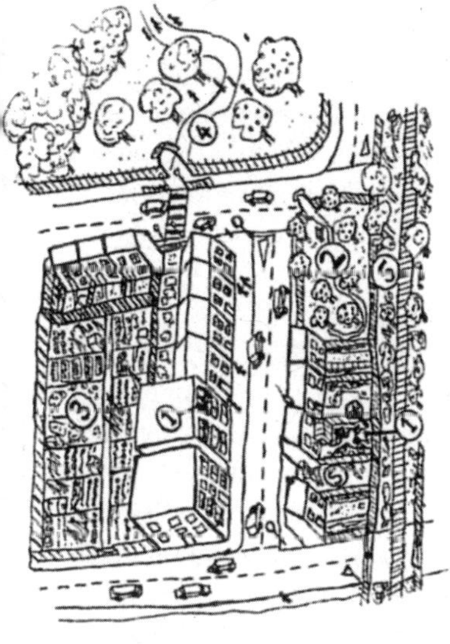

Zone 1 - Potager, jardinières et bacs pour culture intensive

Zone 2 - Vergers communautaires et mini parcs

Zone 3 - Parcelles de cultures principales

Zone 4 - Parcs et jardins publics, boisés urbains offrant des cultures utiles, tels champignons, fruits (souvent cultivés comme plantes ornementales), bois.

Zone 5 - Espaces urbains « sauvages » (terrains vagues, remblais de chemin de fer, etc.)

La plupart d'entre nous n'avons pas de jardin formé d'anneaux bien ordonnés. Nos « zones » sont en fait plus susceptibles d'être géographiquement séparées, notamment en milieu urbain.

Une septième « zone » importante en permaculture est la « Zone 00 ». Elle représente la personne ou les personnes au cœur du système, autrement dit, vous et moi. À quel point sommes-nous prêts à faire des changements dans nos vies afin de créer des environnements et des communautés véritablement soutenables ?

Secteurs

Les secteurs sont une façon de comprendre les flux d'énergie externe à travers un système. On y retrouve la direction des vents dominants, l'aspect et l'orientation du site (nord, sud, est, ouest, etc.), la trajectoire du soleil en hiver et en été, la formation géologique sous-jacente (roche mère à l'origine des types de sols argileux ou sableux, etc.), les poches de gel et ainsi de suite. Quelles mesures faudrait-il prendre pour utiliser ou contrer ces facteurs ?

Pentes

L'examen des zones et des secteurs nous donne une image bidimensionnelle complète de notre paysage. Toutefois, aucun site n'est totalement plat. La topographie peut avoir des effets majeurs sur les microclimats, le mouvement de l'eau, l'érosion ou la vitesse du vent. Par conséquent, nous devons tenir compte de toutes les *pentes* et *courbes de niveau*, qui auront une incidence sur la stratégie de design.

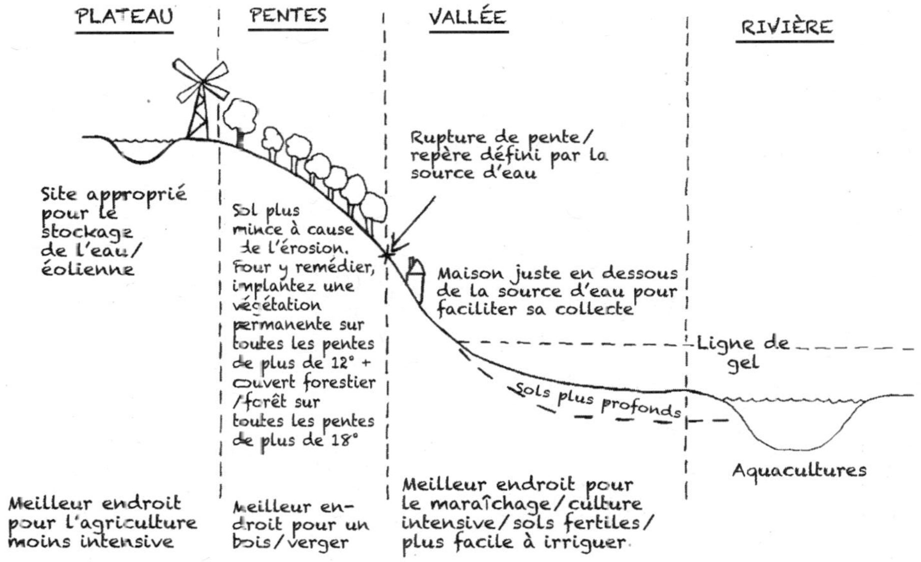
PLATEAU
PENTES
VALLÉE
RIVIÈRE
Site approprié pour le stockage de l'eau/éolienne
Sol plus mince à cause de l'érosion. Pour y remédier, implantez une végétation permanente sur toutes les pentes de plus de 12° + couvert forestier/forêt sur toutes les pentes de plus de 18°
Rupture de pente/repère défini par la source d'eau
Maison juste en dessous de la source d'eau pour faciliter sa collecte
Ligne de gel
Sols plus profonds
Aquacultures
Meilleur endroit pour l'agriculture moins intensive
Meilleur endroit pour un bois/verger
Meilleur endroit pour le maraîchage/culture intensive/sols fertiles/plus facile à irriguer

Paysage et géographie

Étudiez les cartes : topographie, hydrographie, limites territoriales et géographiques, cartes routières, plans de ville. Arpentez les limites du terrain. Parlez aux gens. Observez les localités environnantes, apprenez-en davantage sur l'histoire et la culture de votre région.

Géologie sous-jacente

Examinez les affleurements rocheux. Vous pouvez creuser jusqu'à la roche mère, mais c'est beaucoup de travail. Consultez les cartes géologiques de votre région à la bibliothèque locale.

Orientation

Le site fait-il face au nord ou au sud ? Quelle est la trajectoire du soleil à différents moments de l'année ? Où sont les endroits ensoleillés et ombragés ? Ceux-ci varient selon les saisons mais aussi au cours de la journée. Y a-t-il des endroits où le gel s'accumule (les poches de gel ont tendance à se former dans les creux et les vallées) ? Quelle est votre altitude par rapport au niveau de la mer ?

Type et conditions du sol

Un simple test avec la main permet de déterminer le type de sol : sableux, argileux, limoneux, etc. (voir p. 76). Le pH (acidité ou alcalinité) peut être mesuré avec une trousse d'analyse bon marché achetée dans n'importe quel centre de jardinage.

Étudiez la végétation existante. Beaucoup de prétendues « mauvaises herbes » sont des indicateurs du type de sol, de sa condition (fertilité, compaction...) et de son pH. Observez les communautés végétales plutôt que les spécimens individuels qui pourraient ne pas être typiques. Établissez l'historique du site et les utilisations précédentes. S'il a déjà été cultivé, des produits chimiques étaient-ils utilisés ? Qu'en est-il du drainage (versez de l'eau sur le sol et regardez à quelle vitesse elle s'infiltre) ? Y a-t-il des preuves de compactage ? Creusez un trou de 1 m^2 avec des côtés droits pour obtenir un profil de la structure du sol et de sa condition.

Conditions météorologiques

Identifiez les vents dominants dans votre région ainsi que tous les courants d'air particuliers dans votre microclimat (causés par exemple par les bâtiments, les arbres, les murs, les clôtures). L'inclinaison prédominante des arbres sur le site ou à proximité indique les courants d'air importants. Établissez les moyennes de précipitations locales. Encore une fois, cette information est disponible dans les bibliothèques ou les stations météorologiques. Toutefois, à l'échelle « micro », il peut y avoir des variations importantes sur une distance de quelques mètres ou moins. On peut fabriquer des pluviomètres avec de vieilles bouteilles de plastique. Placez-en à différents endroits sur le site, par exemple sous les arbres, près des murs, etc. À quelle date commence et se termine la principale saison de croissance dans votre région ? Quelles sont les dates des premières et dernières gelées ?

Pentes et courbes de niveau

Les courbes de niveau peuvent être tracées avec précision en utilisant un niveau égyptien (cadre en A) fait à partir de 3 morceaux de bois, d'un bout de ficelle et d'un poids (voir p. 52). Les pentes sont évaluées avec un « niveau à eau » (un tube rempli d'eau). Au-dessus de 12 degrés, toutes les pentes devraient être couvertes de végétation permanente. Au-dessus de 18 degrés, elles devraient posséder un couvert forestier permanent. La construction de terrasses et de « baissières » (fossés creusés le long des courbes de niveau) sont deux stratégies utiles pour travailler avec des terrains en pente.

Eau

Votre site est-il sec ou marécageux (voir aussi « Type et conditions du sol », ci-dessus) ? Y a-t-il des étangs, des lacs ou des sources d'eau sur le site, des rivières ou des ruisseaux qui le traversent ? Des arbres aimant l'humidité (par exemple, l'aulne et le saule) pourraient indiquer la présence d'un cours d'eau souterrain, surtout s'ils semblent suivre une trajectoire particulière. Quelle est la qualité de l'eau ? La décoloration peut indiquer un dépôt minéral ou chimique. Retrouve-t-on des sources de contamination ou de pollution en amont (par exemple, des sites industriels) ?

Faune et flore

Faites un inventaire de la flore et de la faune : arbres, arbustes, plantes, fleurs. Y a-t-il des espèces comestibles ou indigènes utiles ? Que vous disent-elles au sujet de votre terre ? De nombreuses plantes sauvages sont des indicateurs de la fertilité du sol, du pH, d'une perturbation récente, etc. Quoi d'autre vit avec vous ? Renards, lapins, grenouilles, tritons, poissons, oiseaux, serpents, lézards, abeilles, insectes, araignées, limaces : que vous disent-ils au sujet de votre terre ? Avez-vous besoin de contrer leurs effets (par exemple avec une clôture à lapins) ou peuvent-ils être utiles (par exemple, les abeilles pour la pollinisation et le miel, les grenouilles pour lutter contre les limaces, les coccinelles pour manger les pucerons) ?

Services publics

Approvisionnement en eau, électricité, gaz, accès (routes, pistes, chemins et leur état).

Autres points à considérer

Infrastructures et bâtiments (maisons, granges, hangars, serres), le temps disponible, les finances (si vous avez 100 hectares et pas d'argent, il pourrait être judicieux de vendre 60 hectares et d'utiliser l'argent pour développer les 40 autres), la vulnérabilité face à la prédation humaine (tels le vol et le vandalisme), vos autres engagements (travail, famille, etc.).

LE PROCESSUS DE CONCEPTION

LE PROCESSUS DE CONCEPTION et de développement systématique en permaculture peut être appliqué non seulement à l'agriculture mais à presque n'importe quel autre aspect de la vie, de la création de communautés à la mise en place d'une entreprise, en passant par la préparation d'un repas et la construction d'une maison...

Observation

Recueillez autant d'information que possible à propos de votre site et de votre biorégion. Utilisez votre bibliothèque ou parlez à des gens possédant un savoir local (par exemple, les habitants de longue date). Plus important encore, développez vos propres capacités d'observation.

Idéalement, une année ou deux devraient être consacrées à la collecte de données, mais ce n'est pas une excuse pour ne rien faire...

Pensez en termes de besoins (intrants) et de sorties (extrants). Peuvent-ils être satisfaits par le système existant ou des changements sont-ils nécessaires ?

Analyse

Analysez et évaluez ce que vous avez. Comment les éléments interagissent-ils ? Quelles sont vos limites ou les facteurs limitatifs ? Quelles sont vos ressources ?

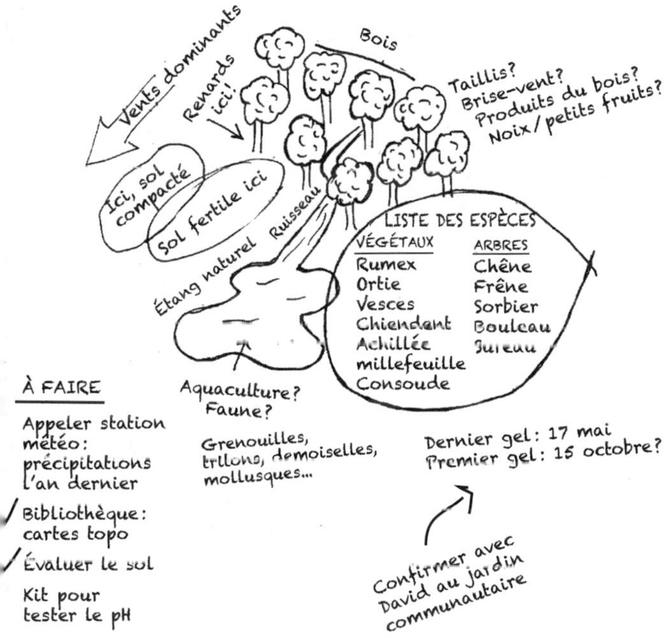

Conception (design)

Nous avons maintenant suffisamment d'information pour réfléchir à la manière de disposer les éléments afin de minimiser les intrants et d'optimiser les rendements.

Comment pouvons-nous intégrer avec profit tous les éléments au sein du système? Où allons-nous établir nos liens et nos relations?

Mise en œuvre

Il s'agit d'inscrire dans la réalité nos idées, notre design. Qui va faire le travail? Quels sont les besoins financiers, les échéanciers?

La mise en place de systèmes viables à long terme peut exiger d'importants investissements en main-d'œuvre, en argent et en efforts. Cependant, quand ces systèmes deviennent opérationnels, ils demandent beaucoup moins d'énergie.

Maintenance

Un système vivant n'est jamais achevé. Les éléments évoluent, nos besoins et nos engagements changent. Les plantes poussent, se propagent et meurent. Les conditions climatiques se modifient. Parfois, même les projets les meilleurs et les plus réfléchis ne fonctionnent pas ; la nature a pour habitude de ne pas suivre les plans. Nous sommes toujours en train d'observer, de réévaluer, de repenser et d'apporter des changements.

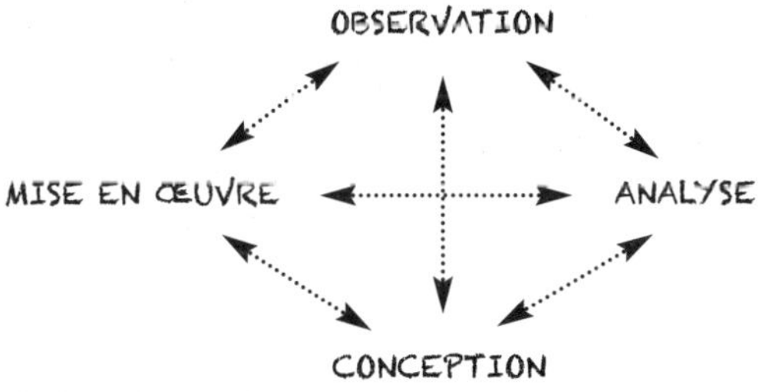

DÉPLOYER LA PERMACULTURE : SUR LE TERRAIN ET DANS VOTRE VIE

« Déployer la permaculture » consiste à mettre en œuvre progressivement un design permaculturel sur une période de temps. L'agriculture industrielle érode et empoisonne les terres, mais en même temps elle crée des emplois et nourrit la population. Les villes et les habitations modernes logent et créent des emplois et des équipements pour des millions des gens, mais elles dépendent d'infrastructures néfastes pour l'environnement. Des systèmes de rechange sont de toute évidence nécessaires, mais un changement immédiat serait impossible. Commençons donc modestement, en travaillant dans la marge, par exemple. Dans cette optique, un agriculteur pourrait utiliser des techniques de permaculture pour aménager un terrain inutilisé (par exemple une terre en friche) afin de le rendre productif. Ensuite, il déploierait graduellement son design permaculturel dans le reste du site, remplaçant peu à peu les revenus issus de pratiques destructrices par d'autres provenant de sources écologiques et soutenables.

Des projets de permaculture mis en place sur des terrains abandonnés au centre-ville peuvent servir d'exemples et de sources d'inspiration en propageant des idées sur la façon dont nous pouvons tous développer un avenir viable.

Bien que généralement appliqué à l'aménagement du territoire, le déploiement de la permaculture concerne aussi les changements que nous devons faire en nous-mêmes et dans nos modes de vie. En d'autres termes, la zone 00.

Rompre avec le faux confort des vieilles habitudes peut s'avérer très menaçant. Surtout après avoir vécu une vie entière dans une culture où richesse et croissance économique perpétuelle sont synonymes de bonheur et de sécurité et dans laquelle le sens des responsabilités vis-à-vis d'autrui et de soi-même est peu encouragé.

Se transformer du jour au lendemain en un super-héros écolo peut se révéler désastreux. Quand on essaie d'en faire trop, on devient trop souvent épuisé, marginalisé et « brûlé ». On peut finir découragé et cynique, plus que jamais convaincu que rien ne peut s'améliorer. En revanche, des changements mineurs mais significatifs peuvent être beaucoup plus durables. Rappelons-nous le vieux slogan « Penser globalement, agir localement », soyons confiants et assumons sereinement les changements que nous apportons, tout en profitant du soutien mutuel de nos compagnons de route.

La vraie richesse, ce n'est pas l'accumulation de biens matériels ou d'argent...

... c'est plutôt de vivre simplement et d'avoir un état d'esprit positif.

La culpabilité peut être une forme d'énergie très négative et destructrice. Chacun de nous se doit d'apprendre à vivre d'une manière soutenable. Cela ne signifie toutefois pas de penser en termes de « renoncement » et de « refus ». Vivre en fonction des ressources que notre planète et que les autres peuvent soutenir devrait être une expérience de libération et non de limitation.

Une première étape pourrait consister à vous « arpenter » vous-même pour voir où vous en êtes : quelles sont vos propres « limites » et « ressources », vos besoins et vos forces ? Commencez peut-être par vous poser ces questions : qu'est-ce qui va bien pour moi en ce moment ? Qu'est ce que je trouve difficile ou que je pourrais faire différemment ? Quelle est ma vision globale à long terme ? Quelle pourrait être ma prochaine étape de réalisation ? Dresser une telle liste est un point de départ efficace pour déterminer vos propres priorités de vie à l'intérieur de vos stratégies de design permaculturel. Il vaut aussi la peine de se reposer ces questions de temps à autre.

« Il n'y a qu'un seul coin de l'univers que vous pouvez changer : c'est vous-même ! En changeant ce coin, vous changez l'univers. »

Proverbe indien

Les techniques de réflexion créatives telles que la carte cognitive *(mind mapping)*, le remue-méninges et la visualisation peuvent être des outils de résolution de problèmes très utiles. Elles nous aident à sortir des traditionnelles manières « linéaires » de penser et d'agir et développent considérablement nos capacités créatives, innovantes et cognitives.

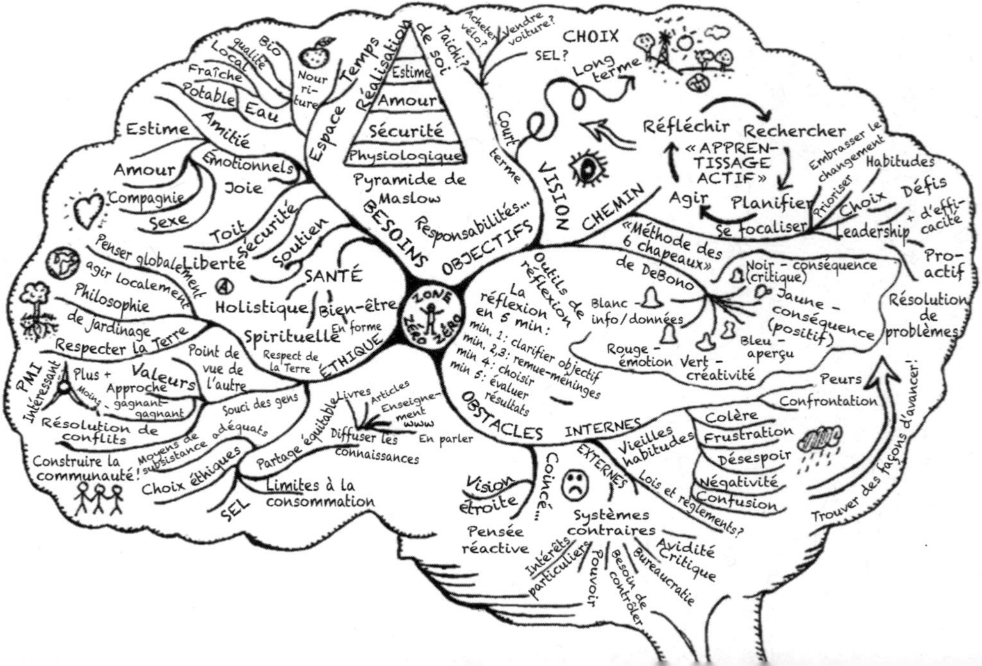

ZONE ZÉRO
BESOINS
Pyramide de Maslow
Physiologique
Sécurité
Amour
Estime
Réalisation de soi
Espace
Temps
Nourriture
Bio
qualité
Local
Fraîche
Potable
Eau
Amitié
Estime
Émotionnels
Amour
Joie
Compagnie
Sexe
Toit
Sécurité
Soutien
Liberté
SANTÉ
Holistique
Bien-être
Spirituelle
En forme
ÉTHIQUE
Respect de la Terre
Penser globalement
agir localement
Philosophie de jardinage
Respecter la Terre
Point de vue de l'autre
Valeurs
Approche gagnant-gagnant
PMI
Plus +
Moins -
Intéressant
Résolution de conflits
Souci des gens
Moyens de subsistance adéquats
Construire la communauté!
Choix éthiques
Partage équitable
Diffuser les connaissances
Livres
Articles
Enseignement
www
En parler
SEL
Limites à la consommation
OBJECTIFS
Responsabilités...
Taichi?
Acheter vélo?
Vendre voiture?
SEL?
CHOIX
Long terme
Court terme
VISION
CHEMIN
Réfléchir
Rechercher
«APPRENTISSAGE ACTIF»
Planifier
Agir
Se focaliser
Prioriser
Embrasser le changement
Habitudes
Choix
Défis
Leadership
+ d'efficacité
Pro-actif
Résolution de problèmes
Outils de réflexion
«Méthode des 6 chapeaux» de DeBono
Blanc - info/données
Noir - conséquence (critique)
Jaune - conséquence (positif)
Bleu - aperçu
Vert - créativité
Rouge - émotion
La réflexion en 5 min:
min. 1: clarifier objectif
min. 2,3: remue-méninges
min 4: choisir
min 5: évaluer résultats
OBSTACLES
INTERNES
Peurs
Confrontation
Colère
Frustration
Désespoir
Négativité
Confusion
Vieilles habitudes
Lois et règlements?
Trouver des façons d'avancer!
EXTERNES
Coincé...
Vision étroite
Pensée réactive
Systèmes contraires
Avidité
Critique
Bureaucratie
Besoin de contrôler
Pouvoir
Intérêts particuliers

Un tout plus grand que la somme de ses parties...

Sans doute la *bordure* la plus précieuse en permaculture est la synergie qui se produit lorsque des gens se rencontrent, combinant et partageant leurs compétences, leurs énergies, leurs connaissances et leurs forces afin de s'apporter un soutien mutuel. Parfois, cependant, le plus grand défi de tous est d'appendre à travailler ensemble de manière efficace et ainsi développer de véritables communautés.

En nous appuyant sur nos aptitudes à établir des relations, à trouver des terrains d'entente et à réseauter, nous pouvons faire changer les choses pour le bénéfice de *tous*.

Ne faites pas qu'agir, restez là à réfléchir !

N'oubliez pas de réserver du temps pour vous-mêmes et vos besoins personnels. Assurez-vous de prendre soin de votre santé et de votre bien-être mental, physique, spirituel et émotionnel.

Parfois, nous sommes tellement occupés à *faire* des choses, remplissant chaque instant de nos périodes d'éveil avec une forme ou une autre d'activité, que nous n'avons jamais l'occasion de simplement contempler et observer. Tout comme nos jardins sont bien plus qu'un simple lieu de production alimentaire, nous ne sommes pas sur terre uniquement pour produire. De temps à autre, il faut prendre le temps de se reposer, de se ressourcer et de réfléchir.

À LA MAISON

LA MAISON DOIT ÊTRE « le lieu où se trouve notre cœur », comme le veut l'expression anglaise, là où l'on peut revenir à soi-même et se recentrer tout en se sentant en sécurité. C'est notre propre zone « 0 ». Que ce soit une maison, un chalet, un appartement ou une yourte, l'endroit où nous vivons devrait être construit et fonctionner d'une manière soutenable, écoénergétique et en harmonie avec la nature.

CONSTRUCTION ÉCOLOGIQUE

Choisissez des matériaux renouvelables et disponibles localement pour la construction. On peut construire des maisons robustes, confortables et chaleureuses avec du bois, de la terre battue ou des balles de paille, pour une fraction de l'impact environnemental des briques ou du béton.

Positionnez et concevez les nouveaux bâtiments afin que les flux d'énergie (vent, pluie, eau, soleil) puissent être utilisés aussi efficacement que possible de manière à minimiser les intrants non renouvelables.

VILLAGES VERTS ET ÉCOCITÉS

La majorité des villes et des villages modernes souffrent d'une mauvaise conception en termes de satisfaction des besoins des gens et de la planète. Souvent, ils ont été assemblés de manière désordonnée, avec les créations d'architectes et d'urbanistes qui vivent rarement dans les environnements pour lesquels ils gagnent leurs prestigieux prix...

QUELQUES CRITÈRES À CONSIDÉRER EN PLANIFIANT UN BÂTIMENT ÉCOLOGIQUE

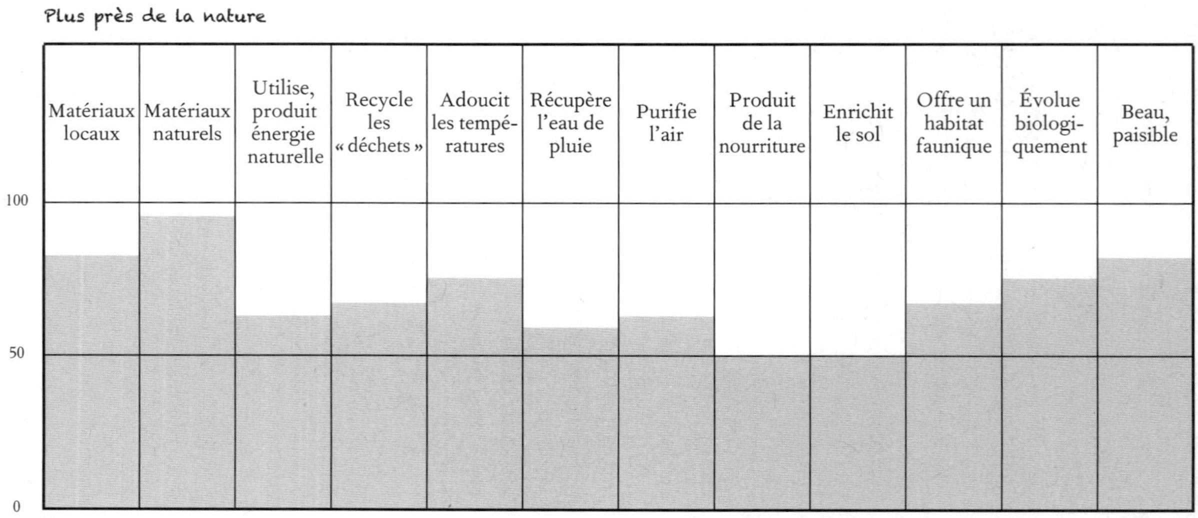

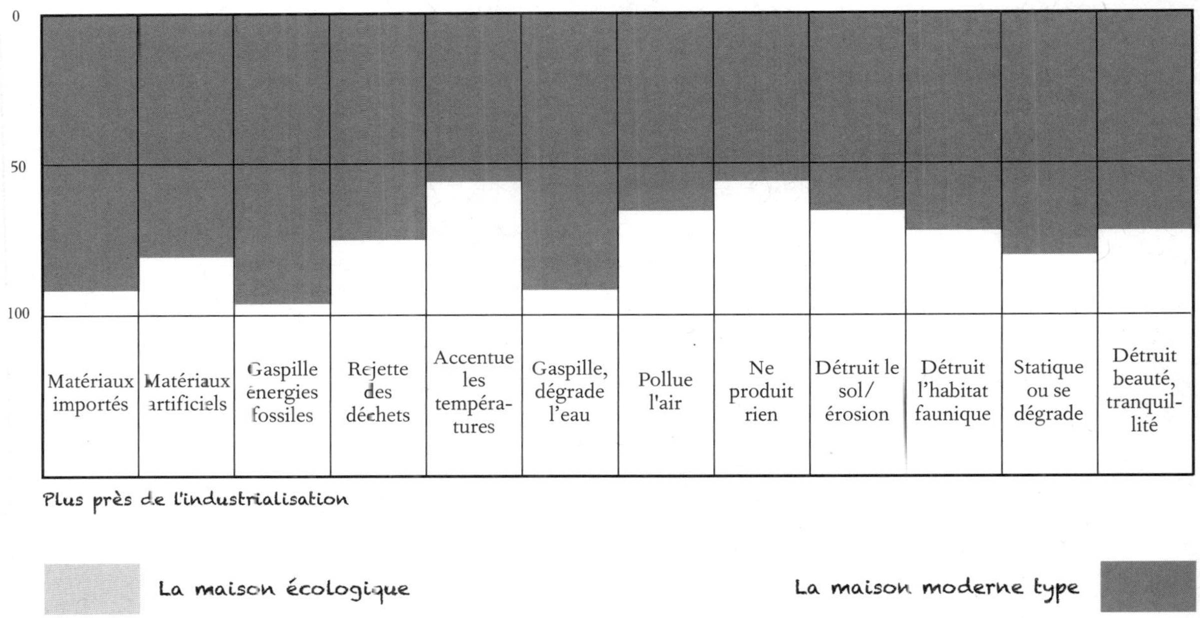
0
50
100
Matériaux importés
Matériaux artificiels
Gaspille énergies fossiles
Rejette des déchets
Accentue les tempéra-tures
Gaspille, dégrade l'eau
Pollue l'air
Ne produit rien
Détruit le sol/ érosion
Détruit l'habitat faunique
Statique ou se dégrade
Détruit beauté, tranquil-lité
Plus près de l'industrialisation
La maison écologique
La maison moderne type

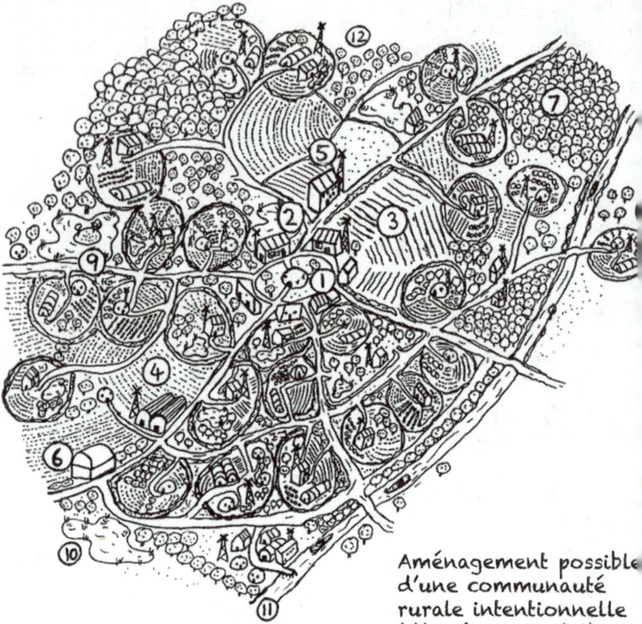

Aménagement possible d'une communauté rurale intentionnelle (d'après Girardet)

1. Lieu de rencontre et aire commune/centre communautaire
2. Bâtiments et services communs (école, centre médical, zones commerciales, etc.)
3. Terres cultivées collectivement (céréales et autres cultures principales)
4. Bâtiments agricoles, silos, etc.
5. Exploitation des énergies renouvelables (éolienne, solaire, biomasse, etc.)
6. Industrie légère et atelier
7. Bois géré de façon soutenable
8. Fermes potagères individuelles/familiales d'environ 1/3 d'hectare
9. « Interstices » entre les fermes potagères privées. Espaces considérés comme publics accueillant arbres, fleurs, zones 5 sauvages et autres cultures « gratuites ».
10. Aquaculture
11. Canal
12. Vergers et forêts nourricières communautaires

Une communauté humaine conçue rationnellement devrait intégrer la notion de viabilité et veiller à ce que tous les habitants soient pleinement associés à chacun des processus de décision et de planification. Elle s'efforcera aussi d'utiliser ses propres ressources pour répondre à autant de ses besoins que possible. Ceux-ci incluent la nourriture et l'énergie, les matériaux de construction, la gestion des extrants (« déchets »), le transport et les lieux où les habitants peuvent se loger, travailler, commercer, socialiser, s'amuser et se reposer.

Réduire, réutiliser, recycler

Nous n'avons pas tous les moyens ou la possibilité de nous établir dans un écovillage, de construire notre propre maison ou de mener à bien des projets de rénovation majeurs. En fait, la plupart d'entre nous, surtout ceux qui habitent en ville, n'avons pas beaucoup de choix quant à l'endroit où nous vivons. Il reste tout de même plusieurs mesures que nous pouvons tous prendre pour rendre nos maisons plus économes en énergie, moins gaspilleuses de ressources, et pour rendre notre environnement immédiat plus convivial et sain.

Réfléchissez à ce qui entre et sort de votre maison. Par exemple, dressez la liste des appareils électriques que vous utilisez (et à quelle fréquence), de l'eau que vous consommez dans une journée ou des déchets que vous jetez chaque semaine. Analysez cette utilisation des ressources : quelle quantité est vraiment nécessaire et comment peut-elle être réduite ?

Bien que l'« empreinte énergétique » de votre maison puisse sembler insignifiante à l'échelle planétaire, songez à l'effet cumulatif si la totalité de votre rue, voire les millions de foyers du pays, adoptaient quelques-uns des gestes proposés ci-dessous. Ne laissez jamais personne vous dire qu'un individu ne peut pas faire une différence.

Se tenir au chaud

Portez plusieurs couches de vêtements supplémentaires au lieu d'augmenter le chauffage. En hiver, essayez de concentrer la plupart de vos activités à l'intérieur d'une pièce, de préférence orientée vers le sud. Ouvrez les rideaux le matin pour permettre l'entrée d'un maximum de lumière au cours de la journée, et fermez-les dès la tombée de la nuit. Utilisez des rideaux lourds et doublés. Un mobilier plus foncé absorbe la lumière du soleil, tandis que des meubles plus pâles réfléchissent la lumière et la chaleur. Les décorations murales contribuent à l'isolation. Exploitez l'inertie thermique des matériaux de construction : les planchers en briques retiennent la chaleur. Éliminez les courants d'air de votre maison, par exemple à l'aide de coupe-froid au bas des portes (mais n'oubliez pas, l'air doit tout de même pouvoir circuler). Installez un double vitrage ou une vitre secondaire. Assurez-vous que les canalisations et les réservoirs d'eau chaude sont isolés. Isolez bien les greniers aussi. Pensez à l'isolation des murs, mais soyez prudent, car des matériaux toxiques peuvent avoir été utilisés ; trouvez des solutions de rechange sécuritaires. Placez les radiateurs et chaufferettes loin des fenêtres et assurez-vous que le thermostat et la minuterie fonctionnent. Faites davantage de câlins !

Économiser l'eau

Ne laissez pas couler les robinets et ne lavez pas à l'eau courante. Prenez des douches plutôt que des bains, et pas trop fréquentes ni trop longues. (Mieux encore, une douche avec un.e ami.e !) Ne tirez pas la chasse d'eau chaque fois que vous urinez. Placez une brique ou une bouteille en plastique remplie d'eau dans le réservoir de la toilette pour réduire le volume d'eau utilisé. Redirigez l'eau « grise » du lavabo vers le réservoir de la toilette. Installez une toilette à compost. Utilisez l'eau du bain, de la douche et de la laveuse dans le jardin, purifiez-la grâce à un système de roseaux (voir page 83). Pensez à votre alimentation : il faut 1 900 litres d'eau pour produire un kilo de riz, 500 litres pour 1 kilo de pommes de terre et 10 000 litres pour 1 kilo de bœuf !

Économiser l'électricité

Éteignez les lumières inutiles, utilisez des ampoules longue durée à faible consommation énergétique et des ampoules de faible puissance dans les couloirs. Réduisez le nombre d'appareils inutiles, par exemple lave-vaisselle, micro-ondes et gadgets divers. Lavez à la main au lieu d'utiliser une machine, ou utilisez-la seulement lorsqu'elle est pleine et à des cycles plus froids. Utilisez une corde ou un séchoir à linge plutôt qu'une sécheuse. Ne lavez pas vos vêtements si souvent, renoncez à repasser ou faites-le en une seule fois. Gardez votre congélateur plein, ou n'en possédez pas. Apprenez plutôt à déshydrater les aliments et à faire des conserves. Regardez moins la télévision (aliénante de toute façon). Passez moins souvent l'aspirateur. Utilisez des outils à main plutôt qu'électriques. Choisissez (si possible) un fournisseur d'électricité engagé dans le développement de l'énergie renouvelable et écologique.

Faire soi-même

Développez vos compétences en réparation et en autoconstruction. Achetez un bon ensemble d'outils et prenez-en soin. N'achetez pas du bois ou des matériaux de construction dans les grandes surfaces de rénovation, communiquez plutôt avec vos entrepreneurs locaux en démolition. Ceux-ci abandonnent ou jettent d'énormes quantités de matériaux. Ce qui n'est pas utilisable en construction peut toujours alimenter le poêle à bois ! N'utilisez pas de bois dur tropical neuf. Commencez par fabriquer des étagères et augmentez la difficulté jusqu'à construire une véranda solaire !

Dans la cuisine

Évitez les additifs alimentaires et les aliments transformés. Minimisez la consommation de produits animaux et tenez compte des « kilomètres alimentaires » (la distance parcourue par les produits avant qu'ils n'atteignent votre assiette. Cela représente souvent des milliers de kilomètres et implique beaucoup d'énergie et de carburant). Un régime végétalien utilisant des produits biologiques cultivés localement est des plus soutenables. Approvisionnez-vous auprès d'une coop d'alimentation ou d'un système de paniers plutôt qu'au supermarché. Si vous utilisez des produits importés, assurez-vous qu'ils sont commercialisés de manière équitable. Mangez plus d'aliments crus, faites des germinations de haricots, de moutarde et autres sur le bord de la fenêtre. Utilisez une boîte isolante (*haybox cooker*) ou un autocuiseur pour cuisiner les légumineuses. Laissez mijoter à feu doux plutôt que de faire bouillir.

Recyclez tous les déchets de cuisine dans le bac à compost.

Rendre la maison sécuritaire

Éliminez les éléments toxiques qui affectent votre maison et l'environnement en général. Évitez les produits potentiellement dangereux dans les rayons des supermarchés et utilisez des substances de base pour les tâches ménagères. Le bicarbonate de soude peut récurer éviers, baignoires et réfrigérateurs, le sel de table est un désinfectant et le vinaigre blanc permet l'élimination des taches et le détartrage des bouilloires. Utilisez des savons et des shampoings naturels. Choisissez des peintures et vernis naturels à base d'eau plutôt que de solvants. D'autres polluants dans la maison peuvent inclure : le formaldéhyde provenant du bois traité, les meubles en aggloméré et les tissus synthétiques, les CFC des vieux réfrigérateurs, le faible rayonnement électromagnétique émis par la télévision, l'ordinateur, le micro-ondes, etc. Certaines plantes d'intérieur (par exemple les plantes araignées, le figuier pleureur) sont reconnues pour absorber de nombreux polluants ; faites-en pousser partout !

Entrées et sorties

Remettez en question vos habitudes de consommation. Est-il essentiel pour vous de posséder l'ordinateur dernier cri alors qu'un modèle plus ancien (ou même une machine à écrire !) répondrait à vos besoins ? Que contient votre poubelle chaque semaine ? Comment pouvez-vous réduire vos déchets ? Qu'est-ce qui pourrait être réutilisé ?

De quoi n'avez pas besoin ? Que pouvez-vous recycler ? Achetez usagé et faites circuler les choses que vous n'utilisez plus ou dont vous n'avez plus besoin.

Les espaces de culture potentiels en milieu urbain sont énormes. Voici l'exemple de Londres :

14 411 ha de terres agricoles

63 600 ha d'espaces protégés

1,4 million de ménages ayant un jardin

1 388 ha de terrains vagues

980 ha de jardins communautaires

+ cours d'école, toits, parcs, etc.

(Chiffres : NFA/Alliance SAFE)

Transport

Tel déplacement est-il vraiment nécessaire ? Pourquoi ne pas marcher ou pédaler ? Utilisez les transports en commun et faites campagne pour leur amélioration, pour des rues plus sûres et davantage de pistes cyclables. Si vous devez conduire, utilisez ou démarrez un système de partage de véhicules, peut-être à travers un système d'échange local. Gardez votre voiture en bon état pour qu'elle fonctionne le plus proprement et le plus efficacement possible.

DANS LE JARDIN

NOUS AVONS TOUS BESOIN de manger. C'est pourquoi la permaculture accorde beaucoup d'importance à la production alimentaire. Si nous voulons nous nourrir de façon soutenable, nous devons nous éloigner de l'agriculture industrielle et nous orienter vers une philosophie du jardinage : moins de monoculture à grande échelle et plus de petits producteurs maraîchers, de jardins familiaux, d'endroits pour la création de paysages comestibles, de polycultures et de forêts nourricières, le tout conçu de manière à multiplier les rendements et les fonctions de ces plantations. Bien sûr, peu d'entre nous seraient capable de produire *toute* la nourriture nécessaire pour vivre, mais nous pouvons tous apporter une contribution souvent importante à notre alimentation grâce à nos potagers, à nos jardins communautaires ou à nos balcons et jardinières...

En plus de réduire la pression que chacun de nous exerce sur les précieuses ressources planétaires, cultiver nos propres aliments nous reconnecte avec des compétences et des sensations que nous avons largement perdues en ce début de XXIe siècle.

LE SOL

Avec l'eau, le sol est l'élément le plus essentiel dans le jardin permaculturel.

Le sol est principalement composé d'éléments inertes produits par la dégradation de la roche mère, auxquels s'ajoutent des éléments nutritifs solubles, des gaz, de l'eau et de la matière organique (humus). Selon la taille des particules, le sol appartient généralement à l'une de ces trois catégories : sableux, limoneux ou argileux.

QUEL TYPE DE SOL AVEZ-VOUS?

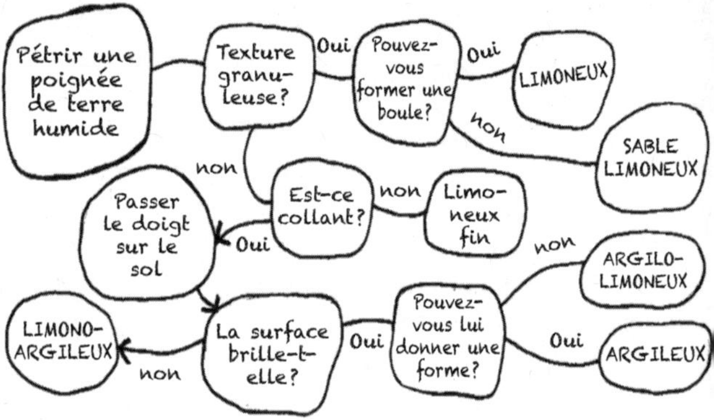

Loin d'être un simple support inerte à la croissance, le sol est un écosystème très complexe dont on connaît relativement peu de choses. L'échec de l'*agrobusiness* à reconnaître ce fait est en partie responsable des énormes problèmes d'érosion et de dégradation des terres auxquels nous sommes actuellement confrontés. La permaculture vise à corriger cette situation en mettant l'accent en priorité sur l'enrichissement et la conservation des sols.

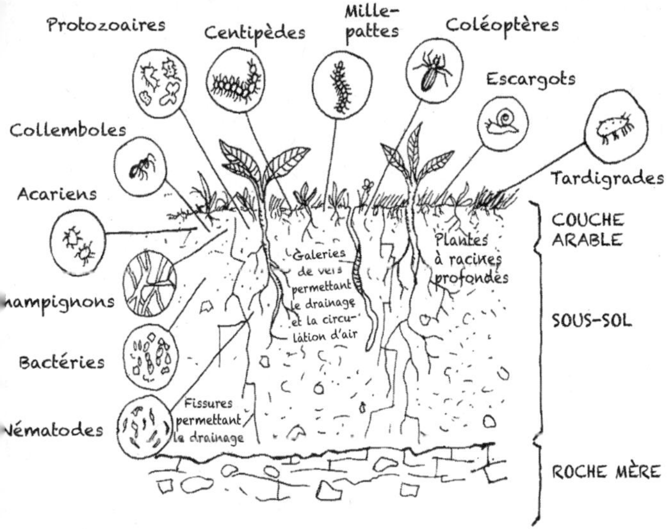

PROFIL D'UN SOL VIVANT
(ET QUELQUES-UNS DE SES HABITANTS)

Lorsque nous travaillons le sol, nous détruisons sa structure et bouleversons les délicates relations qui existent entre les innombrables formes de vie qui s'y trouvent. Les techniques de culture « sans travail du sol », tel le paillage en couches, reproduisent les cycles naturels où la chute des feuilles et de débris végétaux vient recouvrir la terre, créant ainsi de nouvelles couches. En termes de labeur, cette technique s'avère en outre relativement peu exigeante puisque ce sont les vers de terre qui finissent par faire le travail pour nous. Ceux-ci tirent graduellement les couches supérieures vers le bas et les incorporent à la structure générale du sol.

Créer un jardin de paillage en couches est un projet rapide et amusant à réaliser dans le cadre d'un événement social, par exemple un jardin d'école ou communautaire.

①

②

1) Aplatissez toutes les plantes sur le site. Inutile de les couper ou de les arracher. Arrosez le sol s'il est sec. Au besoin, ajoutez un activateur comme la farine d'algues.

2) Couvrez le sol d'une épaisse couche de matière organique opaque, comme du carton ou du papier journal (évitez l'encre de couleur). Assurez-vous que les matériaux se chevauchent suffisamment pour éviter la croissance de plantes dans les interstices.

③

④

3) Couvrez d'une couche (8 à 15 cm) de compost bien décomposé et terminez par une couche de paille, de foin (exempt de graines), d'herbe coupée ou d'un autre type de paillis afin de prévenir l'assèchement en surface.

4) Les grosses semences et les tubercules (fèves, pommes de terre) ainsi que les plantes vivaces ou à fort enracinement peuvent être plantés directement dans le paillis ou à travers lui. Attendez environ un an ou du moins une décomposition avancée du paillis avant d'y semer de petites graines.

L'EAU

Si le sol constitue le corps du jardin (et même de la biosphère), l'eau est le sang vital dont dépendent tous les processus de création.

LE CYCLE HYDROLOGIQUE, UN SYSTÈME À ÉCHELLE PLANÉTAIRE

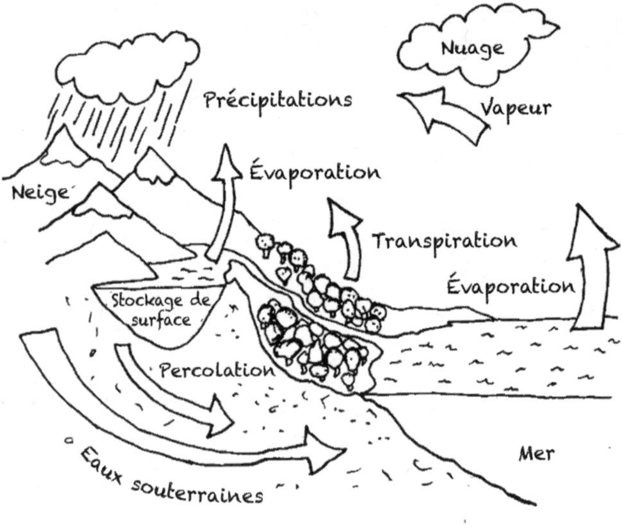

L'eau douce, essentielle à tous les processus de la vie, représente moins de 3 % des réserves mondiales d'eau, et la majeure partie est inaccessible, prisonnière de profonds aquifères, de banquises et de glaciers.

L'eau potable est un bien précieux au sujet duquel nous devons demeurer vigilants, comme le démontrent les sécheresses fréquentes et les niveaux de pollution croissants des dernières années. La conservation de cette ressource est une responsabilité qui incombe à chacun d'entre nous.

FABRIQUER UN IRRIGATEUR

Enlevez le fond d'une bouteille de plastique de deux litres. Retirez le bouchon et enfouissez dans le sol jusqu'à mi-hauteur. Remplissez d'eau. Une irrigation diffuse favorise un enracinement plus profond qu'un arrosage de surface.

Replacer le fond de la bouteille à l'envers empêche insectes et débris de tomber à l'intérieur et sert du même coup de mini bain d'oiseaux.

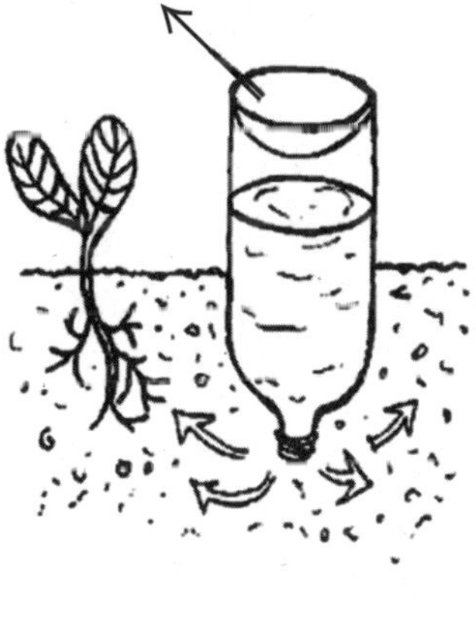

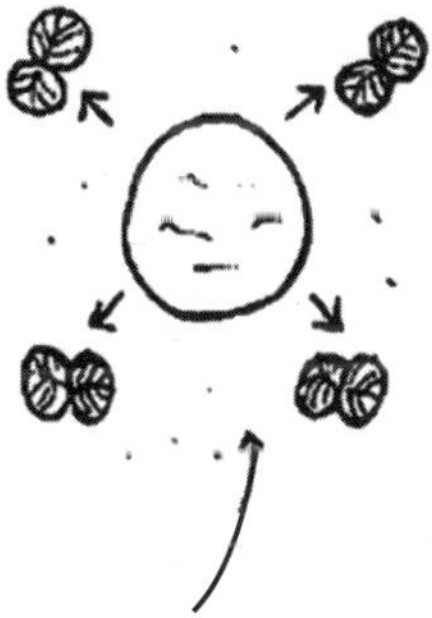

Placez 4 jeunes plants autour de chaque bouteille.

Dans un système soutenable, on fonctionne en cycle, en s'efforçant d'utiliser aussi souvent que possible les ressources qui entrent dans le système avant qu'elles n'en ressortent. L'exemple le plus flagrant du faux sentiment d'abondance qui imprègne notre société est probablement le gaspillage absurde d'importantes quantités d'eau potable pour faire une chasse dans nos toilettes.

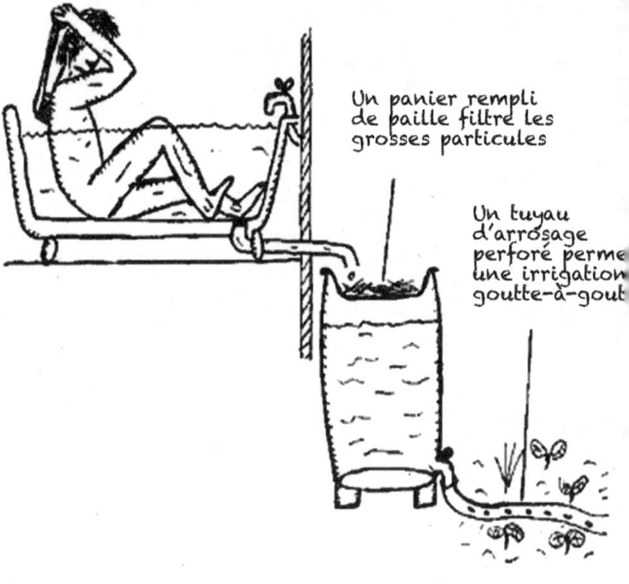

Il est beaucoup plus judicieux d'utiliser l'eau dans des applications qui correspondent à sa qualité, au fur et à mesure que celle-ci se détériore.

Les eaux « grises » (eaux souillées résultant d'activités telles que se laver, laver la vaisselle, faire la lessive, etc.) peuvent également être assainies en vue d'une réutilisation future grâce à des systèmes de lagunage.

UN SYSTÈME NATUREL DE PURIFICATION ET DE STOCKAGE DE L'EAU

(D'après G. Bell et S. Bunker)

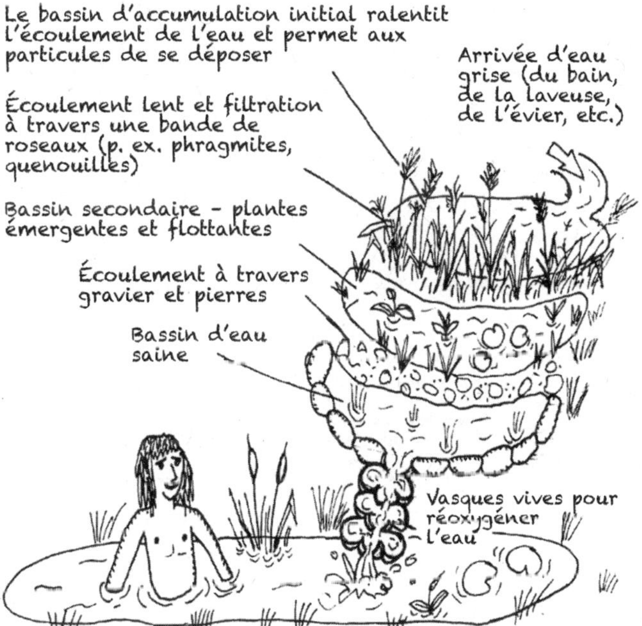

Étangs

Un étang bien conçu peut remplir de nombreuses fonctions : réservoir d'eau, espace de production (une aquaculture peut être jusqu'à 20 fois plus productive que la même superficie de terre), contrôle des ravageurs (en attirant les grenouilles et les crapauds qui mangeront limaces, escargots, etc.), habitat faunique, accumulateur de chaleur, réflexion de lumière supplémentaire vers la maison ou la serre, piscine naturelle...

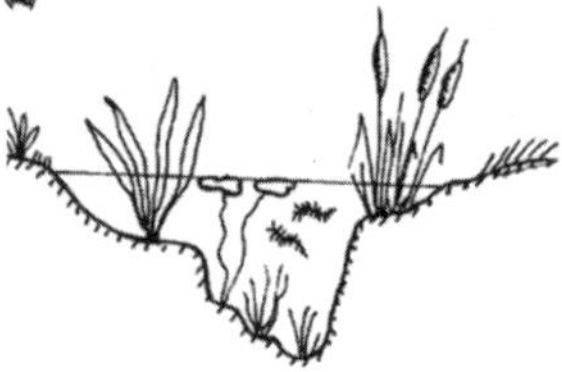

Un étang de forme irrégulière possède un périmètre beaucoup plus important et sera donc plus productif qu'un étang rond de même superficie. De plus, le principe d'empilement assure une variété de profondeurs, offrant ainsi un plus large éventail d'habitats.

Une vieille baignoire récupérée dans une décharge peut servir à créer un étang dans un jardin communautaire. Même un étang d'aussi petite dimension parvient à fournir un habitat à la faune et profite à l'écologie locale. Du même coup, il réutilise un détritus urbain qui autrement polluerait.

Climat et microclimat

Les facteurs qui influencent le climat comprennent la latitude (distance par rapport à l'équateur), l'altitude (hauteur par rapport au niveau de la mer), la proximité de la mer, les vents dominants et l'effet réchauffant des courants océaniques comme le Gulf Stream.

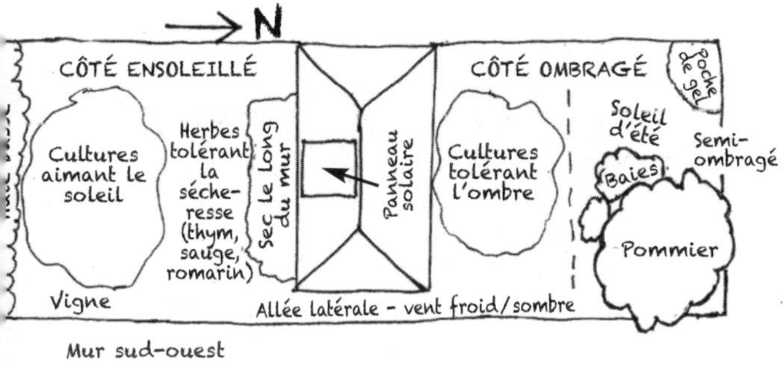

En plus des variations régionales, chaque ville, parc, vallée ou ferme aura son propre micro climat local. Même dans le jardin, il peut y avoir des différences de température, de lumière, de vent ou d'humidité à seulement quelques mètres, ou même centimètres, qui peuvent avoir des effets importants sur les conditions de croissance. Comprendre ces influences permet de les utiliser à son avantage.

Cultiver sous abri (par exemple couche froide, serre, tunnel) protège les plantes fragiles et les transplants tout en prolongeant la saison de croissance.

On peut également recourir à des techniques pour créer ou modifier un microclimat afin d'améliorer les conditions et les possibilités de culture.

BRISE-VENT POUR ATTÉNUER LES EFFETS DU VENT

SANS PROTECTION CONTRE LE VENT

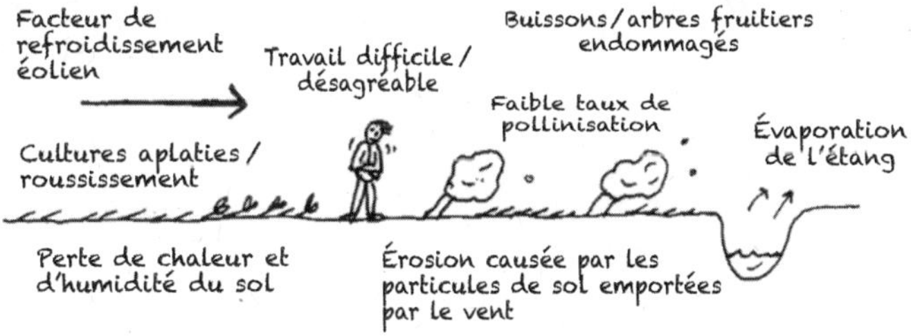

MUR OU CLÔTURE

ARBRES ET HAIES

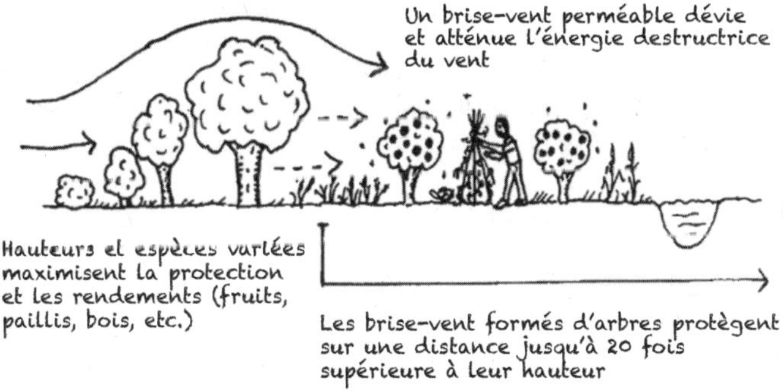

AVANT

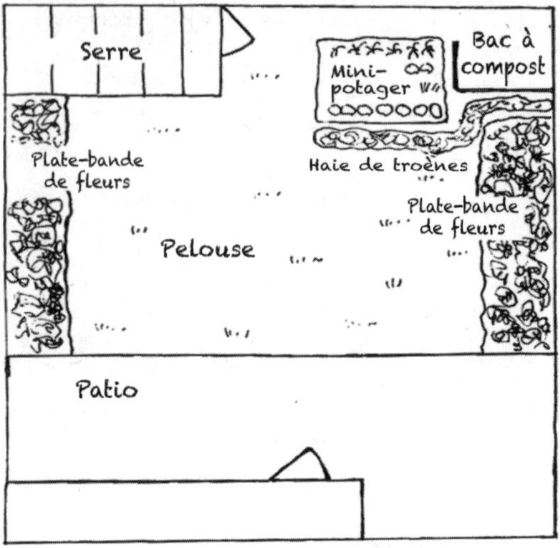
Serre
Bac à compost
Mini-potager
Plate-bande de fleurs
Haie de troènes
Plate-bande de fleurs
Pelouse
Patio

APRÈS

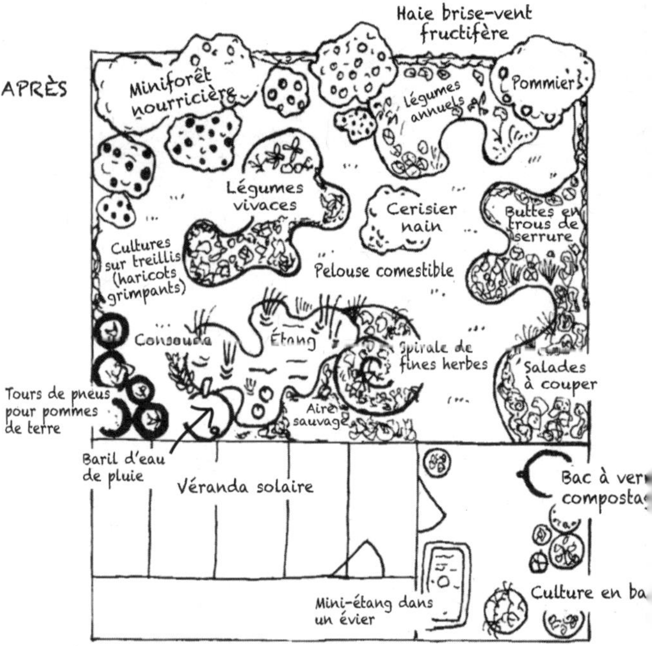
Haie brise-vent fructifère
Miniforêt nourricière
Pommier
Légumes annuels
Légumes vivaces
Cerisier nain
Buttes en trous de serrure
Cultures sur treillis (haricots grimpants)
Pelouse comestible
Consoude
Étang
Spirale de fines herbes
Salades à couper
Tours de pneus pour pommes de terre
Aire sauvage
Baril d'eau de pluie
Véranda solaire
Bac à ver
composta
Mini-étang dans un évier
Culture en ba

Quelques éléments de design

Avec une conception intelligente et de l'ingéniosité, même la plus petite superficie de jardin peut voir son potentiel de culture réalisé.

Miniforêt nourricière

Les principes de la forêt nourricière peuvent être appliqués même à un petit jardin en faisant des greffes sur des arbres fruitiers nains (un « arbre famille » portant trois ou quatre variétés greffées à une même tige) ou en plantant des variétés compactes de cassis et de petits fruits ainsi que diverses plantes vivaces et de couvre-sol comme l'oseille, l'ail des bois, les fraisiers des Alpes, etc.

Spirale d'herbes aromatiques et médicinales

Ce dispositif offre une gamme complète de niches et de microclimats dans un espace compact, allant d'un milieu ombragé et humide dans la partie basse orientée vers le nord (propice notamment au cresson de fontaine et la menthe) jusqu'à la partie supérieure chaude et sèche (appréciée par le romarin, le thym, l'origan, etc.).

Vermicompostage

Une excellente façon de transformer les déchets de cuisine, les mauvaises herbes et autres détritus organiques en une source de fertilité là où l'espace est limité. Le vermicompost est riche en nutriments et s'utilise pour fertiliser le sol ou comme ingrédient pour le terreau à semis.

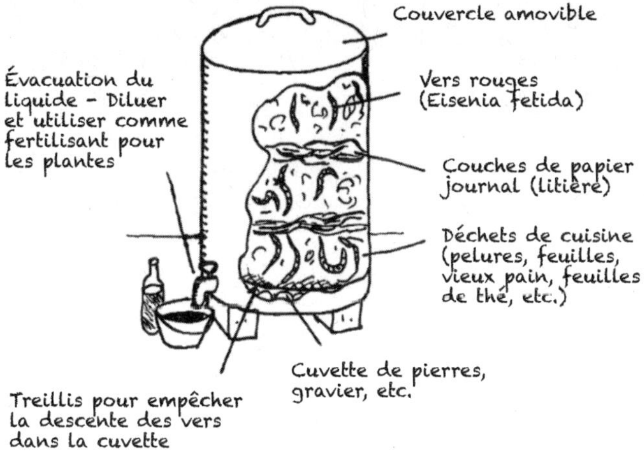

VERMICOMPOSTAGE

Plate-bande en trous de serrure

Cette conception permet une variété d'expositions, maximise la bordure et la surface de plantation disponible, en plus de faciliter l'accès à toutes les plantes sans compacter le sol.

Aire sauvage

Même un tout petit jardin devrait prévoir un peu de place pour une « zone 5 ». Les espaces non cultivés offrent un refuge pour la faune (dont les pollinisateurs et les prédateurs naturels) et augmentent la biodiversité. De nombreuses plantes sauvages sont médicinales, comestibles, agissent comme « accumulateurs dynamiques » ou possèdent d'autres fonctions utiles.

Jardinage en bacs

Les terrasses et les balcons peuvent devenir très productifs. Toutes sortes de contenants peuvent être recyclés. Essayez des fines herbes et des variétés de minilégumes dans des grands seaux de peinture en plastique (nettoyés) ; ou un microétang dans un vieil évier en porcelaine. On peut aussi cultiver ses pommes de terre dans de vieux pneus empilés et remplis de compost.

L'agriculture industrielle prétend augmenter l'éventail des aliments disponibles, mais dans les faits des pratiques comme le brevetage des semences (avec interdiction de commercialiser les variétés traditionnelles), la reproduction sélective pour uniformiser les cultures (par exemple, les hybrides F1, les variétés dites « à haut rendement ») et les manipulations génétiques réduisent la biodiversité et nous rendent de plus en plus dépendants des « drogues technologiques » comme les engrais chimiques, les pesticides et les herbicides.

En ce début de XXIe siècle, l'alimentation mondiale repose en grande partie sur quelque 20 cultures de base, alors que la Grande-Bretagne, par exemple, peut accueillir plus de 7 000 espèces de plantes comestibles ou autrement utiles aux humains. Beaucoup d'entre elles sont pérennes ou se ressèment, les rendant idéales pour les systèmes de permaculture à faibles intrants et entretien.

Même s'il serait sans doute inopportun d'interrompre la culture des céréales, des fruits et des légumes couramment consommés et appréciés, il n'y a aucune raison de ne pas expérimenter de nouvelles cultures et de ne pas ajouter un peu de diversité dans nos jardins et nos cuisines...

QUELQUES PLANTES D'AVENIR

1. Quinoa – Céréale de climat frais tempéré à haut rendement.
2. Consoude – Plante vivace et « accumulateur dynamique » aux propriétés médicinales.
3. Légumes-feuilles et salades à couper, vivaces ou qui se ressèment – roquette, chicorée, cresson de jardin, laitue, betterave sauvage, livèche, oseille, mizuna, chénopode Bon-Henri, etc.
4. Plantes à fleurs comestibles – capucine, souci, pissenlit, hémérocalle, violette, mauve.
5. Liliacées vivaces – oignon égyptien, ciboulette, ail sauvage, ail à trois angles, oignon vert.
6. Brocoli vivace « nine-star ».
7. Romarin – Herbe multifonctionnelle : médicinale, culinaire, plante de bordure, attire la faune, tonique pour les cheveux.
8. Citronnelle – Pour les salades, infusions, également utile comme couvre-sol et pour attirer les abeilles.
9. Pomme – LE fruit des régions froides et tempérées.
10. Champignons – peuvent être cultivés sur des bûches, dans des plates-bandes de BRF ; ou encore ils s'invitent eux-mêmes au jardin… Assurez-vous de bien connaître ceux qui sont comestibles !

DES PRODUITS DU JARDIN TOUTE L'ANNÉE

EN TOUT TEMPS

Ce que l'on peut cultiver

À L'INTÉRIEUR : fines herbes, champignons, pousses (p. ex. radis, tournesol, sarrasin) et germinations (p. ex. luzerne, lentille, fenugrec).

Ce que l'on peut manger

CONGELÉ : aubergine, asperge, betterave, brocoli, carotte, céleri, chou-fleur, courge, épinard, haricot, kale, maïs sucré, oignon, petits-fruits (amélanche, argouse, bleuet, camerise, cassis, fraise, framboise, gadelle, groseille, kiwi, mûre, raisin), panais, pois, poivron, tomate.

LACTOFERMENTÉ : ail, asperge, betterave, carotte, chou, chou-rave, concombre, cornichon, haricot vert, navet, madécoine de légumes.

DÉSHYDRATÉ/SÉCHÉ : cerise de terre, cuir de fruits, fines herbes, kale, kiwi, oignon, piment, pomme, poire, poireau, poivron, raisin, tomate.

EN CONSERVE : confiture, gelée, jus, ketchup, pesto, jus et pâte de tomates, sauce à spaghetti, sirop de fruits.

JANVIER

Ce que l'on peut cultiver

À RÉCOLTER : endive (au caveau).

Ce que l'on peut manger

En l'état : ail, betterave, canneberge, carotte, céleri-rave, chou, oignon, panais, pomme de terre, poireau, rabiole, rutabaga, radis daikon/noir, poire, pomme.

Février

Ce que l'on peut cultiver

Démarrage de plants : fines herbes, oignon, poireau.

Ce que l'on peut manger

À récolter : endive (au caveau)

En l'état : ail, betterave, canneberge, carotte, céleri-rave, chou, oignon, panais, pomme de terre, poireau, rabiole, rutabaga, radis daikon/noir, poire, pomme.

Mars

Ce que l'on peut cultiver

Démarrage de plants : artichaut, chou, fines herbes, oignon, poireau, tomate.

Plantation : arbres fruitiers et arbustes.

Ce que l'on peut manger

En l'état : ail, betterave, carotte, céleri-rave, chou, oignon, panais, pomme de terre, rabiole, rutabagas, radis daikon/noir, topinambour, poire, pomme.

Avril

Ce que l'on peut cultiver

SEMIS : betterave, carotte, céleri-rave, chou, courge et courgette, épinard, haricot, laitue, panais, poireau, pois, radis, rutabaga, salade mesclun.

PLANTATION : arbres fruitiers et arbustes, crucifères, fines herbes, oignonnet, pomme de terre.

Ce que l'on peut manger

EN L'ÉTAT : ail, betterave, carotte, céleri-rave, chou, oignon, panais, pomme de terre, rutabagas, radis daikon/noir.

Mai

Ce que l'on peut cultiver

SEMIS : betterave, carotte, chou, cresson, laitue, haricot vert, courge, épinard, gourgane, maïs sucré, navet, quinoa, radis, salade mesclun.

PLANTATION : artichaut, arbres et arbustes fruitiers, bette à carde, brocoli, céleri, céleri-rave, chou, chou chinois, chou de Bruxelles, chou-fleur, chou-rave, collard, courges, fines herbes, kale, laitue, maïs sucré, oignon, oignon vert, poireau, pomme de terre, rabiole, roquette, rutabaga, topinambour.

À RÉCOLTER (HIVERNÉ/VIVACE) : panais, topinambour, feuilles de vivaces (p. ex. pissenlit), oignon vert.

Ce que l'on peut manger

EN L'ÉTAT : ail, brocoli, chou, fines herbes, oignon, pomme de terre.

Juin

Ce que l'on peut cultiver

Semis : betterave, chou, courgette, épinard, haricot, navet, panais, pois vert, salade mesclun, tournesol.

Plantation : aubergine, arbres et arbustes fruitiers, basilic, cerise de terre, ciboulette, citrouille, concombre, coriandre, courges, courgette, fines herbes, gombo, maïs sucré, melon, persil, piment fort, poivron, poireau, tomate, tomate cerise.

Ce que l'on peut manger

À récolter : asperge, bette à carde, camerise, chicorée, concombre, cresson, échalote française, épinard, fines herbes, fleur d'ail, fraise, laitue, rabiole, radis, rhubarbe, scarole.

En l'état : ail, oignon, pomme de terre, rutabaga.

Juillet

Ce que l'on peut cultiver

Semis : betterave, bette à carde, carotte, chou, cresson, épinard, haricot vert, laitue, rutabaga.

Plantation : aubergine, brocoli, céleri, céleri-rave, cerise de terre, chou, chou-fleur, ciboulette, citrouille, collard, concombre, courges, fines herbes, gombo, haricot, haricots secs, kale, melon, oignon, oignon vert, piment, pois sec, pois vert, poivron, rutabaga, tagette, tomate, tomate cerise, topinambour.

Ce que l'on peut manger

À RÉCOLTER : ail, amélanche, asperge, bette à carde, betterave, bleuet, brocoli, carotte, cassis, céleri, cerise, chicorée, chou, chou-fleur, chou chinois, chou-rave, concombre, cornichon, courgette, cresson, échalote française, épinard, fleur d'ail, fenouil, fines herbes, fraise, framboise, gadelle, gourgane, groseille, haricot, kale, laitue, maïs, mûre, oignon, piment fort, poireau, pois mange-tout, poivron, rabiole, radicchio, radis, rhubarbe, scarole, tomate.

EN L'ÉTAT : ail, oignon, panais, pomme de terre, rutabaga.

AOÛT

Ce que l'on peut cultiver

SEMIS : betterave, bette à carde, carotte, chou, cresson, épinard, laitue, oignon vert, panais, radis.

PLANTATION : chou chinois, chou-rave, coriandre, courgette, fines herbes, roquette.

Ce que l'on peut manger

À RÉCOLTER : ail, artichaut, aubergine, bette à carde, betterave, bleuet, brocoli, cantaloup, carotte, cassis, céleri, céleri-rave, cerise, cerise de terre, chicorée, chou, chou de Bruxelles, chou-fleur, chou chinois, chou-rave, concombre, cornichon, courge, courgette, cresson, échalote française, épinard, fenouil, fines herbes, fraise, framboise, gourgane, groseille, haricot, kale, laitue, maïs, melon, mûre, oignon, panais, piment fort, poire, poireau, pois mange-tout, poivron, pomme, pomme de terre, prune, rabiole, radicchio, radis, rhubarbe, scarole, tomate.

Septembre

Ce que l'on peut cultiver

SEMIS : oignon égyptien.

PLANTATION : arbres et arbustes fruitiers, fines herbes vivaces (p. ex. ciboulette).

Ce que l'on peut manger

À RÉCOLTER : ail, artichaut, aubergine, bette à carde, betterave, brocoli, carotte, céleri, céleri-rave, cerise, cerise de terre, chicorée, chou, chou de Bruxelles, chou-fleur, chou chinois, chou-rave, citrouille, concombre, cornichon, courge, courgette, cresson, échalote française, épinard, fenouil, fines herbes, fraise, framboise, gourgane, haricot, kale, laitue, maïs, melon, mûre, oignon, panais, piment fort, poire, poireau, pois mange-tout, poivron, pomme, pomme de terre, prune, rabiole, radicchio, radis, rutabaga, raisin, rhubarbe, scarole, tomate, topinambour.

Octobre

Ce que l'on peut cultiver

SEMIS : ail, gourgane

PLANTATION : arbres et arbustes fruitiers.

Ce que l'on peut manger

À RÉCOLTER : ail, artichaut, aubergine, bette à carde, betterave, brocoli, carotte, céleri, céleri-rave, cerise de terre, chicorée, chou, chou de Bruxelles, chou-fleur, chou chinois, chou-rave, citrouille, concombre, cornichon, courge, courgette, cresson, échalote française, épinard, fines herbes, gourgane, haricot, kale, laitue, maïs, oignon, panais, piment fort, poire, poireau, pois mange-tout, poivron, pomme, pomme de terre, prune, rabiole, radicchio, radis, radis daikon/noir, rutabaga, raisin, tomate, topinambour.

Novembre

Ce que l'on peut manger

À récolter : betterave, carotte, kale, panais, radis daikon/noir, rutabaga, topinambour.

En l'état : ail, betterave, canneberge, carotte, céleri-rave, chou, oignon, panais, pomme de terre, poireaux, rabiole, radis daikon/noir, rutabaga, poires, pommes.

Décembre

Ce que l'on peut manger

À récolter : endive (au caveau), kale

En l'état : ail, betterave, canneberge, carotte, céleri-rave, chou, oignon, panais, poire, poireau, pomme, pomme de terre, rabiole, radis daikon/noir, rutabaga.

Remarques

Données adaptées pour le Québec.

« En l'état » signifie que les aliments ne sont pas transformés et qu'ils sont simplement conservés entier en terre, dans un caveau, dans un grenier ou sur une étagère, selon les besoins de l'aliment.

Ce tableau est fourni à titre indicatif. Les périodes de semis, de plantation et de récolte peuvent varier de plusieurs semaines suivant la zone climatique et les cultivars utilisés. L'utilisation d'une couche froide ou d'un tunnel permet de commencer les cultures plus tôt au printemps et de prolonger la récolte à l'automne. Plusieurs autres plantes peuvent aussi être cultivées comme les fleurs comestibles (p. ex. pensée, bourrache, canlendule, hémérocalle), les pseudo-céréales (p. ex. amaranthe, quinoa, sarrasin) et les graminées (p. ex. avoine, blé, épeautre, maïs, orge, seigle).

AU-DELÀ DU JARDIN : STRATÉGIES À GRANDE ÉCHELLE POUR UN AVENIR VIABLE

L'AGRICULTURE INDUSTRIELLE, avec son recours important à la machinerie et aux combustibles fossiles, diminue la fertilité à long terme des terres au lieu de l'augmenter. Le labour continuel, l'arrachage des haies et des arbres et l'ajout d'engrais chimiques et de pesticides engendrent des problèmes comme l'érosion, la compaction des sols et l'empoisonnement des cours d'eau (nitrate, phosphore, pesticides).

Les stratégies et les techniques de permaculture à grande échelle visent à réparer ces dommages de même qu'à utiliser les terres considérées comme impropres à l'agriculture.

Travailler avec la terre qu'on a

L'utilisation soutenable des terres consiste à observer et à travailler avec la nature au lieu de consacrer d'énormes efforts à travailler contre ses flux et ses cycles.

Utiliser les pentes

Plutôt que de labourer les pentes de haut en bas, labourer les champs perpendiculairement à la pente (en suivant les courbes de niveau) limite les problèmes d'érosion et de ruissellement.

BAISSIÈRES

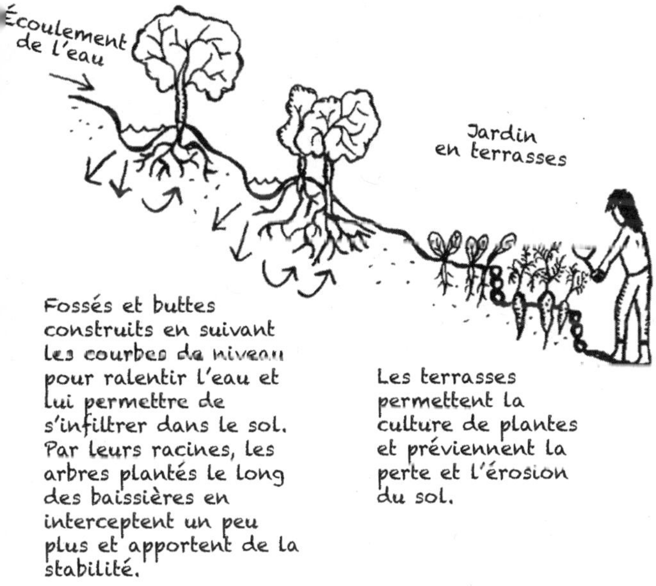

Restaurer les sols dégradés

Le « piquage avec disque » est une technique à faible impact utilisée sur les grandes surfaces pour revégétaliser des terres agricoles surpâturées et endommagées.

Les disques creusent des cavités peu profondes à la surface du sol, retenant l'eau de ruissellement ainsi que la poussière, les matières organiques et autres débris. Le but est de fournir un milieu stable propice à la germination des graines et à leur implantation. Avec le temps, cette végétation permettra aux sols dénudés de se régénérer…

Poussières, résidus, brindilles s'accumulent ici

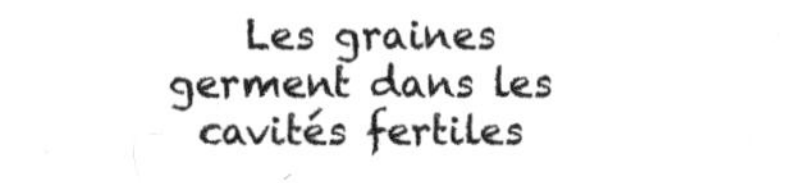

Les graines germent dans les cavités fertiles

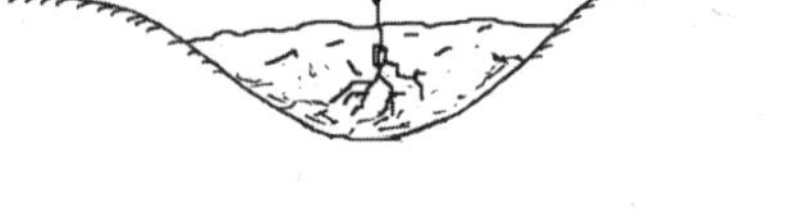

MODÈLE POSSIBLE DE FERME SOUTENABLE EN CLIMAT TEMPÉRÉ

Comprenant la planification des zones et des secteurs, l'intégration et la maximisation de lisières/niches avec rendements et fonctions multiples (voir l'illustration de la page 45).

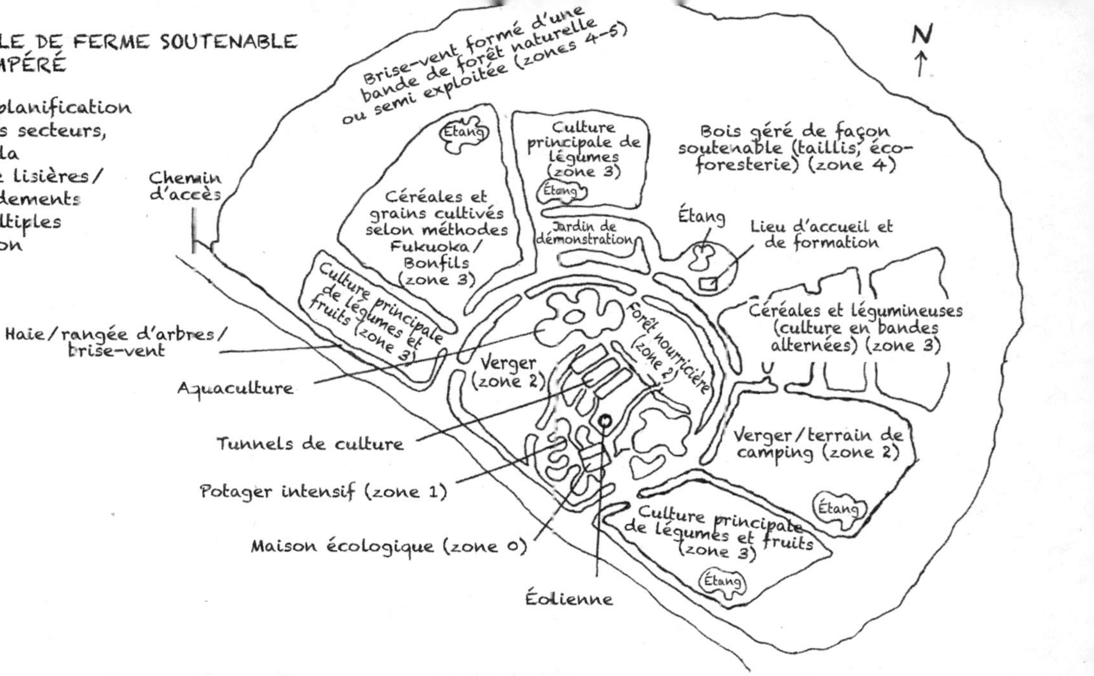

Le plan de la page précédente montre l'emplacement des zones sur la ferme. Celles qui nécessitent une attention régulière, comprenant les tunnels et les potagers où les aliments cueillis sur une base continue, sont placées le plus près de la maison (zone 1). Viennent ensuite les vergers et les jardins forestiers (zone 2), puis les zones pour les productions plus importantes de céréales, de fruits et de légumes à des fins commerciales (zone 3). Au-delà se trouvent les zones boisées en taillis qui nécessitent seulement une attention saisonnière (zones 4-5).

Le design en trous de serrure et l'orientation vers le sud permettent de capter la chaleur du soleil. Les arbres environnants agissent aussi comme brise-vent. Ces effets sont renforcés par la plantation de haies mixtes servant de bordure entre les zones de culture. Ces haies fournissent des habitats fauniques, augmentent la biodiversité et apportent des rendements supplémentaires tels que fruits sauvages, noix et paillis. Elles abritent aussi des espèces fixant l'azote de l'air, ce qui accroît encore la fertilité du sol.

Ce design diffère aussi de nombreux modèles agricoles contemporains par la diversité des récoltes : fruits et légumes, cultures céréalières, bois et taillis. Il est peu probable que la valeur monétaire de chacune de ces cultures prise individuellement soit aussi grande que si elles étaient cultivées en monoculture. Toutefois, lorsqu'elles sont cultivées les unes avec les autres, la diversité des rendements augmente considérablement la production globale du terrain.

D'autres produits à « valeur ajoutée » pourraient inclure les champignons shiitake cultivés sur des bûches, des vins artisanaux, des meubles rustiques, des vanneries et des claies, du charbon de bois, des poteaux, du miel, des plantes comestibles inhabituelles ou des fertilisants liquides (purins) à base de consoude, orties et autres. La plupart des produits sont commercialisés à la ferme ou par l'intermédiaire de commerces locaux, y compris via des paniers de légumes et des marchés publics. Un centre de formation et d'accueil des visiteurs est là pour les cours et les sorties scolaires. Il constitue une valeur additionnelle en termes de ressource communautaire.

Le site est conçu pour être aussi autosuffisant que possible, minimisant ainsi le besoin d'importer l'énergie ou la fertilité de l'extérieur. Une éolienne utilise l'énergie du vent et des panneaux solaires recouvrent le toit des bâtiments. L'énergie solaire est également utilisée de manière indirecte par l'intermédiaire de la biomasse des arbres et du bois sous forme de combustible. L'eau est récupérée et recyclée aussi efficacement que possible avec des étangs de collecte et de stockage servant en même temps de paradis fauniques (et d'agents antiparasitaires, en raison des prédateurs naturels qui s'y installent) et d'aquacultures. Les eaux grises des habitations sont utilisées pour irriguer les cultures fruitières, tandis que les toilettes à compost retournent au sol la fertilité qui autrement serait perdue.

MÉTHODES D'AGRICULTURE NATURELLE

Les techniques agricoles « sans travail », telles que développées au Japon par Masanobu Fukuoka et en Europe par Marc Bonfils, sont basées sur l'observation attentive des microclimats locaux et sur l'utilisation des cycles naturels. Toute perturbation du sol, tout engrais ou herbicide sont évités. Ces méthodes produisent néanmoins des rendements comparables à ceux des systèmes plus conventionnels, en particulier lorsqu'on tient compte des coûts cachés de la dégradation des sols et des impacts des intrants chimiques...

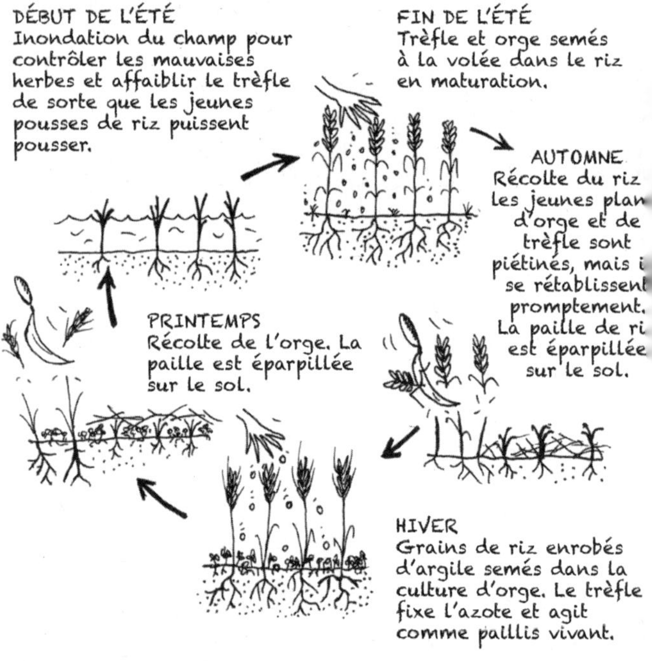

M. Fukuoka énumère quatre principes de l'agriculture « sans travail » :

- → Pas de labourage ou autre travail de la terre qui perturbe le délicat équilibre du sol.
- → Aucun ajout d'engrais. Le sol maintient naturellement sa fertilité en harmonie avec les cycles de la nature.
- → Pas de désherbage. Les plantes indigènes sont un élément important pour bâtir la structure du sol.
- → Pas de pesticides. Quand des cultures saines sont cultivées dans un sol sain, les maladies et les insectes ravageurs sont naturellement gardés sous contrôle.

Des arbres dans les blés

L'agroforesterie consiste à cultiver des arbres et des plantes agricoles ou horticoles sur une même parcelle de terre. Elle diversifie les productions tout en conservant les ressources économiques, environnementales, humaines et naturelles vitales. Ce système diffère de la foresterie et de l'agriculture traditionnelles par l'accent mis sur les interactions entre les éléments plutôt que sur les éléments pris individuellement.

L'avenir de notre planète dépend du rétablissement des forêts. Une combinaison de pratiques

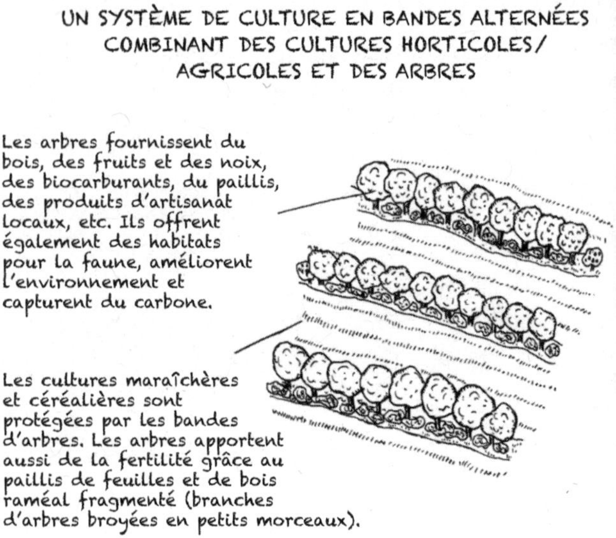

agricoles soutenables et de modes de vie à faible impact environnemental allégerait grandement la pression exercée sur les ressources.

La production bovine et laitière représente 85 % de l'utilisation des terres agricoles, que ce soit pour les pâturages ou la production de céréales ou d'autres cultures fourragères. Pourtant, une Angleterre végétalienne pourrait être autosuffisante avec seulement 25 % des terres agricoles actuellement disponibles, ce qui libérerait de vastes zones pour les projets de reboisement.

Tout le monde n'est peut-être pas disposé à faire de tels changements, mais si nous voulons réduire notre impact sur l'environnement, nous devrons tous et toutes réfléchir à des modes de vie moins dépendants des produits d'origine animale et aux intrants qu'ils nécessitent.

Gestion soutenable d'un bois

Vieux de plusieurs siècles, le recépage est un exemple de travail avec la nature qui maximise la productivité des forêts de feuillus. En reculant continuellement d'un stade la croissance (couper régulièrement les arbres pour éviter qu'ils atteignent la maturité), le bois d'œuvre et les autres produits ligneux peuvent être récoltés de manière hautement soutenable, et la durée de vie des arbres eux-mêmes considérablement étendue. Des taillis bien gérés peuvent atteindre plus de mille ans.

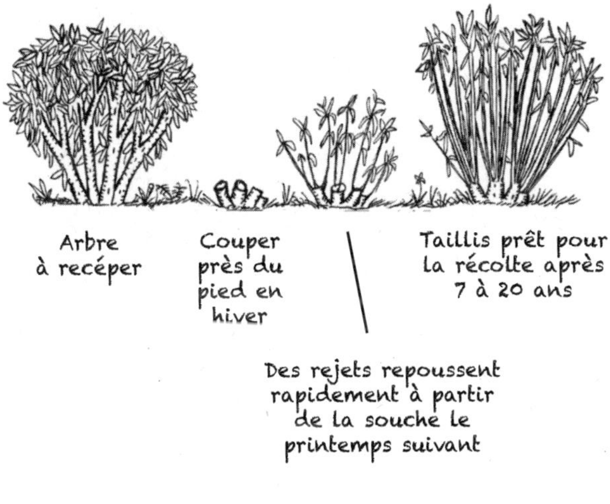

Bien que le recépage ait décliné au cours des dernières décennies, comme tant d'autres pratiques traditionnelles soutenables, il est maintenant de plus en plus reconnu que les forêts bien entretenues présentent des avantages énormes pour la faune et la biodiversité. Mais peut-être plus largement oubliés sont les bénéfices potentiels pour l'économie locale à dimension humaine.

Négligés pendant près d'un demi-siècle, des taillis restaurés fournissent maintenant à des communautés locales du bois de construction, des claies, des poteaux, des meubles, du charbon de bois, des haies, du placage, des chevilles de bois, des toits de chaume, du combustible et une multitude d'autres produits et utilisations.

NOTRE COMMUNAUTÉ

En plus de fournir les outils nécessaires pour rendre nos modes de vie, nos environnements familiaux, nos jardins et nos terres plus soutenables, la permaculture s'efforce aussi de trouver des façons de reconstruire notre société fragmentée et d'y rétablir l'esprit communautaire.

Économie communautaire

Ne tournez pas la page ! Ce sujet apparemment ennuyeux concerne essentiellement la façon dont nous favorisons la circulation des ressources et de l'énergie humaine au sein de nos propres localités.

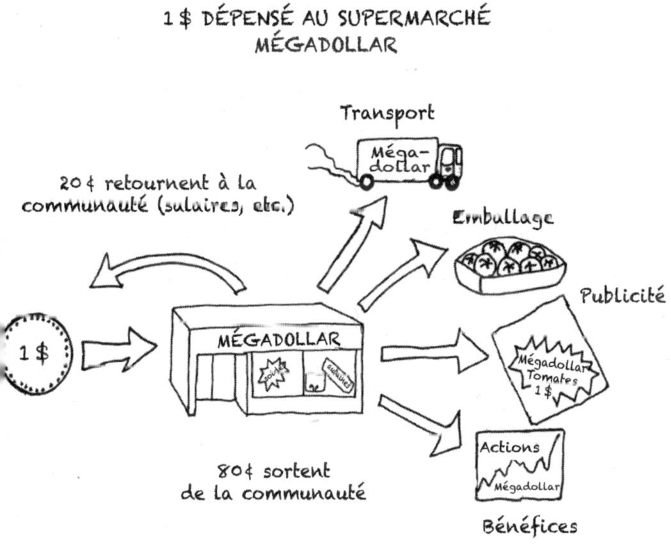

Chaque fois que nous dépensons un dollar dans un supermarché, 80 cents sortent directement de la communauté, engloutis par les coûts de transport, d'emballage et de publicité, ou vont directement dans les coffres des multinationales. Et quand nous plaçons notre argent dans une grande banque, nous n'avons souvent aucun moyen de savoir ce qu'il en adviendra, si cette somme sera employée dans des secteurs comme le commerce des armes, l'élevage industriel, la biotechnologie, l'industrie du tabac ou la spéculation contre les devises du tiers-monde.

La première et unique responsabilité de la plupart des grandes entreprises est de fournir un profit aux actionnaires. Qui se soucie d'où provient l'argent, pourvu qu'il continue d'affluer?...

En revanche, quand nous dépensons localement ou que nous investissons dans les gens, dans les compétences et le potentiel des uns et des autres, plutôt que dans des « produits » comme les actions et obligations ou les marchés à terme, nous pouvons exercer plus de contrôle sur l'endroit où notre énergie est utilisée et sur ce que nous soutenons. « L'argent » devient alors un outil d'autonomisation et de libération plutôt que d'oppression.

Un dollar donné à un producteur local de biens ou de services qui utilise des matériaux locaux demeurera dans la communauté. Il sera réinvesti continuellement afin de produire de la richesse pour tous. Nous pouvons négocier les uns avec les autres, de personne à personne, et ainsi recréer la prospérité locale.

Les coopératives de crédit sont un moyen de garder l'argent dans sa localité, en particulier dans les milieux défavorisés, tout en évitant les taux d'intérêt souvent écrasants imposés par les banques ou les prêteurs sur gages. Les participants peuvent investir dans des banques de proximité autogérées, lesquelles débloquent ensuite des fonds pour des projets de développement mutuellement bénéfiques.

Les systèmes d'échanges locaux (SEL) amènent l'économie communautaire encore plus loin en éliminant tout besoin de liquidités. À la place, les membres créent leur propre « monnaie » locale afin de permettre l'échange de compétences, de services et de biens. Un groupe au sein du SEL publiera périodiquement un répertoire dans lequel les membres listent leurs « offres » et leurs « besoins ». Les membres communiquent entre eux pour échanger et obtenir des crédits pour les services fournis, ces crédits pouvant ensuite être dépensés ailleurs dans le système. Les SEL favorisent également l'interaction sociale et le réseautage. D'ailleurs, ils ont été utilisés comme pierre d'assise durable pour plusieurs petites entreprises commerciales locales qui utilisent ces monnaies et échanges complémentaires parallèlement à la monnaie nationale.

Réseaux alimentaires locaux

Ces dernières années, la plupart des exploitations agricoles modernes sont devenues en pratique de simples unités industrielles de production préoccupées par la fabrication de produits et la récolte des profits, peu importe les coûts en termes de qualité des aliments, de pollution, de bien-être animal ou d'érosion des sols. Elles ne se préoccupent pas non plus de ce que les gens veulent vraiment, contrairement à ce que la publicité tente de nous faire croire. Mais l'encéphalopathie spongiforme bovine (vache folle), la bactérie *E. coli*, la salmonelle de même que l'opposition du public aux aliments génétiquement modifiés et la demande accrue pour les produits biologiques démontrent que l'agriculture industrielle ne fonctionne plus.

L'agriculture soutenue par la communauté (ASC), les systèmes de paniers et les marchés agricoles ramènent l'« industrie » alimentaire à une échelle humaine. Ce sont des moyens efficaces de créer des liens entre la ville et la campagne. Les producteurs et les consommateurs peuvent interagir et faire correspondre les véritables besoins des uns avec ce qui est produit par les autres.

Le développement d'un réseau alimentaire local comporte aussi des avantages environnementaux. Par la diversité des productions et la réduction des intrants chimiques et mécaniques, les petites fermes offrent davantage d'opportunités pour les habitats fauniques et la biodiversité. De plus, avec moins de « kilomètres alimentaires », les besoins en carburant et les rejets polluants sont réduits, ce qui favorise à la fois la régénération urbaine et rurale et la création d'emploi.

Les fêtes et les festivals peuvent commémorer ce qui est caractéristique de l'endroit où l'on vit et de ceux avec qui l'on vit, en plus d'être une bonne excuse pour s'amuser.

Spécificités locales

De nos jours, vous pouvez marcher dans n'importe quelle ville et voir les mêmes magasins offrir exactement les mêmes produits . Il s'agit de la version culturelle de la perte de la biodiversité et de l'homogénéisation observée avec l'agriculture industrielle. Avec pour résultat un semblable appauvrissement de notre expérience et de notre existence. Promouvoir la spécificité locale rappelle à chacun d'entre nous notre patrimoine régional unique et célèbre en même temps notre diversité culturelle.

Les vergers communautaires sont des célébrations vivantes de la spécificité locale. La collection nationale de pommes de Brogdale, dans le Kent, en Angleterre, comprend plus de 2 200 espèces indigènes, pourtant dans les magasins seulement cinq ou six variétés sont généralement disponibles. Les Granny et les Golden Delicious, avec leur texture cotonneuse et presque pas de saveur, peuvent être achetées n'importe où. Mais qu'est-il arrivé à la Biffen Norfolk, à la Chelmsford Wonder et à la Beauty of Bath ?

En plus de servir de « banque » pour préserver les ressources génétiques de la région en prévision d'un avenir où la diversité et la spécificité seront valorisés davantage que l'uniformité et la fadeur du supermarché, un tel verger peut être un point de transition entre les traditions du passé et la prise de conscience environnementale de notre époque.

Au Québec, des dizaines de fêtes des semences ont lieu chaque printemps. Elles rassemblent des semenciers et des organismes intéressés à la production locale. Les participants peuvent ainsi acquérir des connaissances en jardinage et se procurer un large éventail de semences du patrimoine pour des plantes aux saveurs, aux textures et aux couleurs impossibles à trouver dans les supermarchés.

En transition

Le mouvement des Initiatives de transition est probablement l'un des exemples les plus réussis de l'application des principes de design permaculturel à une échelle communautaire plus large. Des problèmes tels que les changements climatiques et le pic pétrolier peuvent sembler énormes et insolubles. Le message central de la Transition est que le découragement n'est pas un point de départ approprié si nous voulons créer ou simplement agir.

Les Initiatives de transition rassemblent tous les secteurs d'activité et tous les acteurs de la communauté, individus, familles, entreprises, élus et bénévoles, afin de collectivement imaginer le futur dans lequel nous aimerions vivre.

À travers le monde, les Initiatives de transition créent et appuient une vaste gamme de projets qui contribuent à bâtir l'autonomie locale et l'indépendance à l'égard des infrastructures gazières et pétrolières. Voici quelques exemples britanniques.

Brixton, Totnes, Lewes et Stroud en transition ont lancé leur propre monnaie afin de stimuler l'économie locale et de créer des systèmes de soutien mutuel entre les entreprises indépendantes, en encourageant les consommateurs à

L'idée derrière la Transition est simplement que des communautés utilisant beaucoup moins d'énergie et de ressources pourraient, si elles sont soigneusement conçues, être plus résilientes, plus généreuses et plus agréables que celles d'aujourd'hui.

QUELQUES QUESTIONS À CONSIDÉRER...

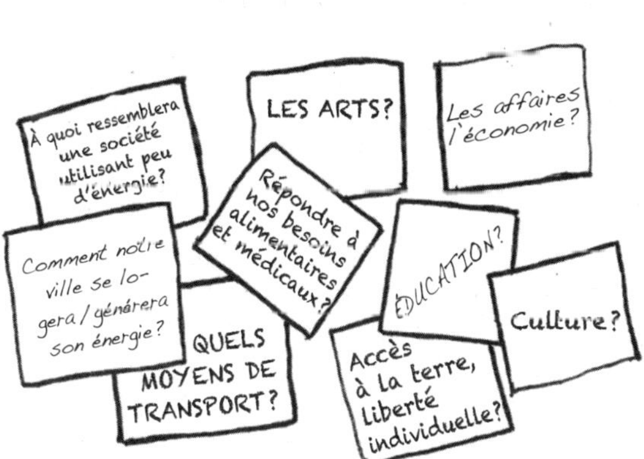

s'approvisionner en biens et en services dans leur propre région.

Southend en transition a lancé un système de paniers de légumes avec l'organisme Milton Community Partnership afin de rendre les fruits et légumes biologiques abordables pour les familles à faible revenu de Westcliff on Sea. Ils ont également publié une brochure et un site web pour encourager les citoyens à cultiver des aliments dans leurs propres cours arrière.

Un certain nombre d'administrations locales travaillent en partenariat avec des Initiatives de transition afin d'élaborer des réponses créatives aux changements climatiques et au pic pétrolier. En 2008, le Conseil du comté de Somerset est devenu la première administration locale en Transition du Royaume-Uni.

Rues en transition est un projet qui aide les quartiers à apporter des modifications simples à la façon dont ils utilisent l'énergie, l'eau, la nourriture, les emballages et le transport.

Un certain nombre de groupes de Transition organisent régulièrement des échanges de semences et des journées de partage de compétences où les gens s'apprennent les uns aux autres l'art de faire son pain, la vinification, l'élagage des arbres fruitiers, l'apiculture et ainsi de suite.

En changeant notre manière de penser, nous pouvons envisager l'ère postpétrole à venir comme une opportunité plutôt qu'une menace. On peut y voir une nouvelle époque où il sera plus agréable de vivre que dans notre société de consommation actuelle reposant sur l'avidité, la guerre et le mythe de la croissance infinie.

« Un autre monde non seulement est possible,
il est en route, et par une journée tranquille,
si vous écoutez attentivement,
vous pouvez entendre son souffle. »

Arundhati Roy

IL N'Y A QU'UNE FAÇON DE FAIRE DE LA PERMACULTURE...

L'article premier de la permaculture est l'idée d'assumer la responsabilité de nos besoins et de ceux des générations futures.

Bill Mollison

DES VILLES EN TRANSITION jusqu'aux agriculteurs à zéro émission de carbone en passant par les jardiniers nourriciers et les constructeurs écologiques, la permaculture est une approche qui pourrait davantage être considérée comme un voyage plutôt qu'une destination finale, une boîte à outils plutôt qu'un système de croyances. Ce livre a été écrit par un végétalien dans le climat froid et tempéré du Royaume-Uni. Par conséquent, il reflète certains préjugés, opinions personnelles et préoccupations environnementales locales. Mais l'éthique et les principes de la permaculture offrent un cadre de travail durable qui peut être appliqué en toute circonstance et à n'importe quel système, partout sur la terre. Il ne s'agit pas d'une science occulte, et si certains passages de ce livre vous ont paru familiers ou évidents, il y a fort à parier que vous faites déjà de la permaculture sous une forme ou une autre.

Pour en savoir plus, il y a une liste de livres et quelques adresses en fin de volume. Il existe également des cours d'introduction d'une fin de semaine et des cours de design permaculturel complets. On trouve aussi un nombre croissant de projets que l'on peut visiter pour voir la permaculture en action et s'en inspirer. Ces projets vont de petits jardins et exploitations agricoles privés à des parcelles communautaires, jardins collectifs et quartiers résidentiels au centre-ville.

Au final, il n'y a toutefois rien de mieux à faire que de plonger et de le faire soi-même. La permaculture repose sur l'observation réfléchie et la conception soignée, mais ce n'est pas une raison pour ne pas expérimenter ou pour se sentir intimidé par l'inexpérience. Rappelez-vous que la personne qui n'a jamais fait d'erreurs n'a jamais rien appris, donc commencez par quelque chose de petit et de gérable, et vous constaterez un développement rapide de votre confiance et de vos compétences.

... ET C'EST LA VÔTRE !

MÉDIAGRAPHIE
Liste partiale et non exhaustive

Adapté pour le lectorat francophone.
Certains titres sont épuisés, alors ouvrez l'œil dans les bibliothèques, chez les bouquinistes et sur Internet.

Livres en français

PERMACULTURE 1 & 2, par Bill Mollison et Dave Holmgren (Équilibre aujourd'hui)
Les textes originaux. Complet mais parfois lourd pour les néophytes.

LA RÉVOLUTION D'UN SEUL BRIN DE PAILLE : UNE INTRODUCTION À L'AGRICULTURE SAUVAGE, par Masanobu Fukuoka (Guy Trédaniel éditeur)
Des conseils pratiques et de profondes intuitions philosophiques par le pionnier de l'agriculture naturelle et « sans travail ».

JARDINER AUTREMENT : LA PERMACULTURE, CONSEILS ET PRINCIPES DE BASE, par Margit Rusch (Ouest-France)
Comprendre la permaculture en l'appliquant à l'échelle du jardin.

MANUEL DE TRANSITION : DE LA DÉPENDANCE AU PÉTROLE À LA RÉSILIENCE LOCALE, par Rob Hopkins (Écosociété/Silence)
Livre pratique pour faciliter la transition de nos sociétés dépendantes du pétrole vers une autonomie locale.

L'ESSENCE DE LA PERMACULTURE, par David Holmgren (Imagine un colibri)
Condensé de *Permaculture : Principles and Pathways Beyond Sustainabilty.* Disponible en ligne : <www.permacultureprinciples.com/fr>

LA PERMACULTURE DE SEPP HOLZER, par Sepp Holzer (Imagine un colibri)

Guide pratique pour des jardins et des productions agricoles diversifiés.

PREMIERS PAS EN PERMACULTURE, par Ross et Jenny Mars (Passerelle Éco)
Décrit les étapes pour transformer un jardin en un système de vie productif qui concilie l'humain avec la nature : culture sur buttes, serres, compostage, recyclage d'objets courants et gestion des ravageurs.

GRAINES DE PERMACULTURE, par Patrick Whitefield (Passerelle Éco)
Petit livre d'introduction à la permaculture.

LE JARDINIER-MARAÎCHER : MANUEL D'AGRICULTURE BIOLOGIQUE SUR PETITE SURFACE, par Jean-Martin Fortier (Écosociété)
Vivre de sa production sur un hectare ou moins, en appliquant notamment les principes de la permaculture. Techniques détaillées. Calendrier précis des semis et des récoltes.

CRÉER UN JARDIN-FORÊT, par Patrick Whitefield (Imagine un colibri)
Pour faire de son jardin une forêt comestible où poussent fruits, légumes, champignons, plantes aromatiques et médicinales. Sans pesticides ni trop d'efforts.

LES BOIS RAMÉAUX FRAGMENTÉS : DE L'ARBRE AU SOL, par Gilles Domenech et Éléa Asselineau (Du Rouergue)
L'ouvrage le plus complet sur l'origine et l'utilisation du bois raméal fragmenté (BRF).

LES SEMENCES DE KOKOPELLI, par Dominique Guillet
Volumineux manuel de jardinage et de production de semences pour le jardin familial. Comprend une exposition détaillée des enjeux liés à la biodiversité alimentaire.

GUIDES D'IDENTIFICATION, par Gisèle Lamoureux (Fleurbec)
Plusieurs guides d'identification et d'utilisation des plantes sauvages comestibles, printanières, des bords mer, des villes et des champs.

VIVRE AUTREMENT : ÉCOVILLAGES, COMMUNAUTÉS ET COHABITATS, par Diana Leafe Christian (Écosociété)

Propose des outils concrets pour aider à concevoir, organiser et poursuivre un projet de vie communautaire en évitant erreurs et pièges. Basé sur l'expérience de dizaines de pionniers fondateurs.

SAVEURS LOCALES : RECETTES SIMPLES ET SAINES POUR APPRÊTER NOS ALIMENTS D'ICI, par Annick Dallaire et Martine Émond (Humbles)

Pour cuisiner des aliments locaux à longueur d'année.

L'ÉCOFORESTERIE : UNE SCIENCE, UN ART, UN PROJET DE SOCIÉTÉ, par Bob Eichenberger

Livre complet sur la forêt, sa nature, ses stades de succession, sa biodiversité et ses influences vitales sur le milieu : le sol, l'eau, l'air et notre vie. Présente aussi des modèles de gestion pour protéger cet écosystème et l'utiliser de manière vraiment soutenable.

Livres en anglais

PERMACULTURE : A DESIGNER'S MANUAL, par Bill Mollison et Dave Holmgren (Tagari)

L'un des livres fondateurs de la permaculture. Une somme.

THE PERMACULTURE WAY et THE PERMACULTURE GARDEN, par Graham Bell (Permanent Publications)

Deux livres spécialement écrits pour les régions « froides tempérées » (comme le Royaume-Uni). Le second titre a changé toute ma façon de voir le jardinage.

THE EARTHCARE MANUAL, par Patrick Whitefield (Permanent Publications)

Enfin un manuel global de design pour les climats froids et tempérés ! En passe de devenir la bible de tous les permaculteurs sérieux du Royaume-Uni.

PERMACULTURE DESIGN : A STEP BY STEP GUIDE, par Aranya (Permanent Publications)
Des indications claires à chaque étape du processus de conception, par l'un des enseignants de permaculture les plus réputés du Royaume-Uni.

THE FOREST GARDEN et BEYOND THE FOREST GARDEN, par Robert Hart (Green Books)
Les pratiques et la philosophie qui ont motivé le pionnier des forêts nourricières en climat froid et tempéré.

CREATING A FOREST GARDEN : WORKING WITH NATURE TO GROW EDIBLE CROPS, par Martin Crawford (Green Books)
Le plus récent ajout à la bibliothèque du jardinier, par le fondateur de l'Agroforestry Research Trust britannique. Il a appris des succès et des échecs de Robert Hart (voir ci-dessus).

MYCELIUM RUNNING : HOW MUSHROOMS CAN HELP SAVE THE WORLD, par Paul Stamets (Ten Speed Press)
Par leurs vertus alimentaires et curatives, leur capacité à réhabiliter des sols endommagés ou contaminés (même par le pétrole et le nucléaire !), les champignons peuvent sauver le monde.

THE NATURAL GARDEN, par Peter Harper (Gaia)
De belles photos des « jardins de Gaïa » et une tonne d'informations pratiques.

FLORA BRITANICA (Sinclair Stevenson), FOOD FOR FREE (Collins), par Richard Mabey
Deux classiques. Le premier, magnifique, explore de façon exhaustive les plantes et les lieux. Le second est le guide définitif de la récolte sauvage.

PLANTS FOR A FUTURE, par Ken Fern (Permanent Publications)
Présente une centaine de plantes comestibles (surtout des vivaces) ou autrement utiles à l'humanité. Un livre capable de transformer le monde !

THE VEGETABLE EXPERT et THE FRUIT EXPERT, par D.J. Hessayon (PBI)

Pas permaculturels ni même biologiques dans leur approche, ces deux livres sont malgré tout remplis d'une foule de renseignements pratiques et clairs sur la croissance des cultures plus « classiques » de fruits et de légumes. Pas chers et très largement disponibles. Prendre ce qui est utile, ignorer le reste.

ORGANIC GARDENING : A BOOK FOR BEGINNERS, par Ruth Jacobs (Alfresco Books)

Une brochure informative de base, qui comble les lacunes que les ouvrages « d'experts » laissent. Si vous ne voulez pas noyer votre jardin avec des produits chimiques.

GROWING GREEN : ORGANIC TECHNIQUES FOR A SUSTAINABLE FUTURE, par Jenny Hall et Iain Tolhurst (Vegan Organic Network)

Beaucoup de livres sont disponibles si vous voulez approfondir, mais j'aime particulièrement ce manuel écrit par deux producteurs biologiques expérimentés. Il n'est pas seulement détaillé et accessible, il démontre aussi comment nous pouvons bien cultiver sans dépendre des produits animaux (fumier, résidus d'abattoirs, etc.).

THE EDIBLE CONTAINER GARDEN, par Michael Guerra (Gaia Books)

Un guide astucieux et bien illustré sur la culture d'aliments dans des espaces restreints.

THE WOODLAND WAY, par Ben Law (Permanent Publications)

Un compte rendu tout à fait passionnant et pratique de la vie de Ben dans les bois ; comment il applique une conception soutenable à la gestion de la forêt, ainsi que la multitude d'utilisations pour les produits forestiers.

THE COMPLETE MEDICINAL HERBAL, par Penny Ody (The Herb Society)

Les propriétés curatives de nombreuses plantes sauvages et de jardin présentées en détail, avec des photos couleur claires et vives.

LETS WORK, par Peter Lang (Grover)

Toutes les réponses à vos questions si vous envisagez de mettre en place un système SEL dans votre région.

RADICAL TECHNOLOGY, par Peter Harper (Undercurrents)

Un recueil d'approches « alternatives » pour l'énergie, l'habitation, la production alimentaire, etc. Avec un penchant radical – ce n'est pas seulement la technologie, c'est la façon dont la société est organisée…

THE NEW COMPLETE BOOK OF SELF SUFFICIENCY, par John Seymour (Dorling Kindersley)

Il lui manque peut-être le côté radical de l'ouvrage précédent, mais ce livre n'en reste pas moins un classique éternel. Moins enthousiasmé par la section sur l'abattage de son cochon...

THE NATURAL HOUSE BOOK, par David Pearson (Gaia)

Un compagnon du *Natural Garden* présenté ci-dessus : de belles et inspirantes photos de « maisons vertes », avec des tas de trucs pratiques allant des économies d'énergie au réaménagement et à la construction de votre propre maison.

HOME ECOLOGY, par Karen Christensen (Arlington)

Débordant de suggestions et d'informations afin de vivre votre vie de façon plus soutenable, avec des conseils pratiques sur la réduction (ou l'élimination) de votre impact sur l'environnement dans plein de domaines : les transports, la nourriture, la santé, l'économie domestique, l'air, l'eau et la maison.

ABUNDANT LIVING IN THE COMING AGE OF THE TREE, par Kathleen Jannaway (MCL)

Vers un avenir fondé sur les arbres et exempt d'exploitation et de cruauté. Devrait figurer parmi les meilleurs « classiques verts » comme *Small Is Beautiful*, *Printemps silencieux*, etc.

DO IT YOURSELF : A HANDBOOK FOR CHANGING OUR WORLD, par Trapese Collective (Pluto Press)

Rempli d'outils pour l'autonomisation des individus et des communautés. Comment sortir votre maison du réseau et mettre en place des jardins communautaires, organiser des ateliers participatifs et des rencontres pour la création de nos propres médias, le tout imprégné d'un sain anarchisme.

THE COMMON GROUND BOOK OF ORCHARDS, par Sue Clifford et coll. (Common Ground)
La célébration des vergers et des paysages à partir d'un projet qui défend les spécificités locales.

LIVING WITH THE LAND, par Christine Meyer et Faith Moosang (New Catalyst)
Contes provenant de communautés du monde entier (principalement du Sud) qui s'efforcent de soigner la Terre. Une lecture inspirante !

THE HUMANURE HANDBOOK, par Joseph Jenkins (Jenkins Pub)
Guide complet sur le compostage des excréments humains.

ROAD RAGING, anonyme (Road Alert)
Le mouvement pour le changement passe aussi par la protestation, et la permaculture en est. Voici comment le faire correctement et efficacement : coordination des campagnes contre des routes, tactiques pour résister à l'expulsion, premiers soins et une foule d'autres trucs pratiques.

HOW IT WORKS : THE ENVIRONMENT, par Micheal Allaby (Horus)

MUCK & MAGIC, par Jo Readman (Search Press)
Certains livres pour enfants contiennent beaucoup d'enseignements, de principes et projets, illustrés et expliqués d'une manière claire et accessible. En voici deux que j'aime particulièrement.

HEAD FIRST, par Tony Buzan (Thorsons)
L'un des nombreux livres de cet auteur sur les schémas heuristiques (mind mapping). Celui-ci s'intéresse aux techniques pour développer nos multiples « intelligences » mentales et physiques. Un excellent outil pour notre « zone 00 » ! Plusieurs autres de ses livres sont disponibles en français.

HOW TO BE FREE, par Tom Hodgkinson (Hamish Hamilton)
La révolution dissimulée dans l'inaction ! Gourou du farniente, l'auteur affirme que nous devons rejeter la culture de consommation, la compétitivité et l'Éthique du Travail et plutôt ralentir, apprécier les plaisirs simples de la vie – et pratiquer la permaculture !

Revues

PASSERELLE ÉCO
Revue trimestrielle d'une association française vouée aux écovillages et à la permaculture.

PERMACULTURE MAGAZINE
Solutions viables pour la vie quotidienne, en particulier au Royaume-Uni.

THE PERMACULTURE ACTIVIST
Cette revue étatsunienne approfondit une ou deux thématiques par numéro. Parmi les sujets récents, la modélisation (patterning), l'enseignement, la technologie appropriée, la transformation économique et les stratégies de conception communautaires.

Films et vidéos

HOME, de Yann Arthus-Bertrand
Spectaculaire voyage visuel au-dessus de notre petite planète. Magnifique, mais aussi un rappel de quelques-unes des menaces auxquelles notre monde fait face et pourquoi il faut s'en préoccuper. (Version française disponible.)

IN GRAVE DANGER OF FALLING FOOD, de Bill Mollison
Sans doute le premier documentaire sur la permaculture, mettant en vedette l'un des initiateurs de cette approche. Ce film a eu une énorme influence sur la « première génération » de permaculteurs. Il résiste à l'épreuve du temps même s'il bénéficierait d'un

petit remontage, et que le « rap permaculturel » me fait encore vouloir me cacher derrière le canapé.

GLOBAL GARDENER, de Bill Mollison
Série télévisée australienne du début des années 1990 qui montre la permaculture telle qu'appliquée dans les régions tropicales, arides ou tempérées ainsi qu'en contexte urbain. (Version sous-titrée disponible.)

FOREST GARDENING WITH ROBERT HART et PERMACULTURE IN PRACTICE, de Malcolm Baldwin
Deux aperçus de la permaculture au Royaume-Uni dans les années 1990. Toujours d'actualité, même si bon nombre de ces projets ont évolué. Comprend entre autres de merveilleuses séquences sur la forêt originale du jardinier Robert Hart.

PERMACULTURE ETHICS AND DESIGN PRINCIPLES, de David Holmgren
David Holmgren, co-inventeur du concept de permaculture, réitère sa vision de la permaculture comme l'utilisation de la « pensée systémique » pour créer des paysages basés sur les modèles de la nature et conçus pour répondre aux besoins des humains.

THE POWER OF COMMUNITY : HOW CUBA SURVIVED PEAK OIL, de Faith Morgan
Comment, suite à l'embargo décrété par les États-Unis, Cuba s'est adapté à la pénurie de pétrole en utilisant une conception permaculturelle. Un incontournable ! (Version sous-titrée disponible.)

FARM FOR A FUTURE, de Rebecca Laughton
Cet excellent documentaire de la BBC examine les défis posés aux pratiques agricoles actuelles par le pic pétrolier et les réponses positives que la permaculture pourra offrir lorsque l'énergie fossile bon marché ne sera plus une option.

THE POWERDOWN SHOW, par le Cultivate Centre
Dix épisodes de 20 minutes posant un regard frais et engagé sur les réponses communautaires aux défis convergents du pic pétrolier et des changements climatiques. Parfait pour les présentations publiques

lors de réunions, de soirées de films sur la Transition, etc.

THE FOREST GARDEN YEAR, de Martin Crawford
Crawford nous guide à travers les saisons d'une forêt nourricière au Agroforestry Research Trust. Rempli de conseils, de démonstrations, d'astuces et de conseils pour les jardiniers débutants et expérimentés. (Version sous-titrée disponible.)

SIX WAYS MUSHROOMS CAN SAVE THE WORLD, de Paul Stamets
Le grand mycologue Paul Stamets présente cette introduction aux incroyables vertus curatives et réparatrices des champignons, sur des échelles à la fois humaines et planétaires. Époustouflant ! (Version sous-titrée disponible sur YouTube.)

GREENING THE DESERT, de Geoff Lawton
Comment les techniques de permaculture ont ramené la vie, l'abondance et la fertilité sur des terres désertiques arides et inhospitalières. (Version française disponible sur YouTube.)

LEAF STREET COMMUNITY GARDEN, de Ruth Strange
Un joli petit documentaire sur la construction d'un jardin communautaire en permaculture par les résidents locaux du quartier Redbricks, à Manchester. (Sur YouTube.)

Sites web et blogues

WORLDWIDE PERMACULTURE NETWORK
Une base de données interactive en pleine croissance mettant en vedette projets et praticiens à travers le monde.
<www.permacultureglobal.com>

ALIMENTS D'ICI
Groupe de recherche et de mise en pratique d'alternatives pour se nourrir de manière locale, saine et abordable.
<http://alimentsdici.info>

LONDON PERMACULTURE PHOTO ARCHIVE

Une énorme banque d'images réalisée par James Taylor visant à l'origine à documenter les projets dans les environ de Londres, mais ayant maintenant une portée mondiale. La plupart sont libres de droits.

<www.flickr.com/photos/naturewise>

INTEGRATED DESIGN FOR LOCAL ENVIRONMENTAL RESOURCES

OK, j'avoue être partial, car c'est mon propre blogue, mais il est à jour (quand je peux!) avec des nouvelles, des critiques, des articles et autres écrits du monde de la permaculture.

<www.grahamburnett.net>

TRANSITION CULTURE

Le blogue de Rob Hopkins avec les toutes dernières nouvelles et opinions sur le monde de la Transition.

<www.transitionculture.org>

PERMACULTURE PRINCIPLES

Une exploration de l'éthique, des principes de la permaculture et du design en action, avec de nombreux exemples pratiques.

<www.permacultureprinciples.com>

WE THE TREES

Un projet novateur visant à « sociofinancer » des initiatives internationales en permaculture.

<www.wethetrees.com>

PERMACULTURE EN CLIMAT FROID

Plusieurs vidéos de conférences et d'expérimentations présentant les principes de la permaculture en contexte québécois.

<http://permafroid.blogspot.ca>

PERMACULTURE MEDIA BLOG

Plus de 2 000 vidéos, livres, podcasts et documentaires liées à la permaculture, disponibles en ligne.

<www.permaculture-media-download.com>

Contacts

PORTAIL DE RESSOURCES DOCUMENTAIRES SUR LA PERMACULTURE

Ce site collaboratif répertorie les ressources sur la permaculture. De nombreux documents et présentations sont disponibles en ligne.

<http://sites.google.com/site/traductionedition-permaculture>

P3 PERMACULTURE DESIGN

Cours de permaculture.

<www.p3permaculture.ca>

PERMACULTURE INTERNATIONALE

Cours de permaculture (Canada et France).

Bernard Alonso

<www.permacultureinternationale.com>

RÉSEAU D'AGRICULTURE VEGANIQUE

Réseautage et ressources pour l'agriculture et le jardinage sans produits animaux.

<www.goveganic.net>

MOUVEMENT COLIBRIS

Inspirer, relier, soutenir ceux et celles qui souhaitent participer à une transformation écologique et humaine de la société.

<www.colibris-lemouvement.org>

QUÉBEC EN TRANSITION

Information sur les Initiatives de transition et portail pour mettre en réseau les initiatives québécoises.

<www.quebecentransition.org>

SEMENCES DU PATRIMOINE

Réseau canadien d'échange et de préservation de semences à pollinisation libre. Offre le manuel technique de production de semences *La conservation des semences du patrimoine*.

<www.seeds.ca>

PASSERELLE ECO

Association française vouée aux écovillages et à la permaculture. Revue trimestrielle.

<www.passerelleco.info>

RÉSEAU ACCORDERIE

Système d'échange local (SEL) sans recours à l'argent où une heure de service reçu équivaut à une heure de service rendu.

<www.accorderie.ca>

ÉKOPÉDIA

Encyclopédie pratique pour une société écologique.

<http://fr.ekopedia.org>

SPIRALSEED

<www.spiralseed.co.uk>

PERMACULTURE ASSOCIATION (ROYAUME-UNI)

<www.permaculture.org.uk>

PERMANENT PUBLICATIONS

<www.permaculture.co.uk>

ECOLOGIC BOOKS

<www.eco-logicbooks.com>

VEGAN ORGANIC NETWORK

<www.veganorganic.net>

MOVEMENT FOR COMPASSIONATE LIVING

<www.mclveganway.org.uk>

PLANTS FOR A FUTURE

<www.pfaf.org>

LIVING CENTRE

Centre éco-sprituel offrant des formations en permaculture.

<www.thelivingcentre.com>

REMERCIEMENTS

Ce livre est dédié à ma famille : à ma mère, Hazel, à ma femme, Debby, à nos enfants, Chloe, Ben, Jack et Rowan ; et à tous ceux et celles qui ont partagé leurs connaissances, leur sagesse, leur inspiration, leur amitié et leur soutien.

J'adresse des remerciements spéciaux et des salutations à Ron Bates, Steve Jordan, Kamil Pachalko, Matt et Eleanor King et à tous les gens de Southend en Transition ; à Penny Rimbaud, Gee Vaucher, Steve Ignorant, Eve Libertine, Christian Brett, Dom Thackray et à tous ceux et celles de Dial House ; à Mark Warner, Nicole Freris, James Taylor, Claire White, Marianne Cadbury, Crispin Mayfield, Cath Sunderland, Alpay Torgut, Thelma Riley, Taylor Rourke et à toute l'équipe de Naturewise ; à Adrian Leaman de Wholewoods ; à Claire Joy, Ru Litherland, Brian Kelly, Marlene Barrett et à tous et toutes chez OrganicLea ; à Antonio Scotti et Stella Strega, de Permacultura España ; à Rob Squires, Jan Mulreany, Stef Geyer, Ed Sears, Tomas Remiarz, Andy Goldring, Suzi High, Joe Atkinson, Debbie Jones, Harriet Walsh, Dom Marsh et à tous les administrateurs et le personnel passé, présent et à venir de la Permaculture Association ; à Maddy et Tim Harland, Tony Rollinson et tout le monde chez Permanent Publications ; à Peter White, David Graham et Jenny Hall du Vegan Organic Network ; Alan et Elaine Garrett du Movement for Compassionate Living ; à Tom Hodgkinson,

Merlyn Peter, Andy Langford, Peter Andrews chez Ecologic Books ; à Duncan Law, Sarah Cannon et aux gens de Transition Town Brixton ; à Aranya, Mike Feingold, Bryn Thomas, Sarah Pugh, Klaudia Van Goole, Angus Soutar, Judith Hannah, Brigit Strawbridge, Rootsman Rak, Sinisia et à tous ceux et celles d'Ekosense en Croatie ; à Sid et Zillah, William Faith, Monica Richards, Geoff Bruce, Crispin Bixler, Scott Horton et à tous mes amis d'Across The Pond ; à Simon Fairley, Rob Hopkins, Hannah Thorogood, Patrick Whitefield, Martin Crawford, Chris Evans, Looby Macnamara, Jo Barker, Carl Smith, Nicci Del Rio, Steve Reed, Ian Lillington, Skye et Robin Clayfield, Andy McGeeny, Iain Aitch, Dawn Houghton, Chrissy Mitchell, Simon et Vicky Lacey, Andy et Cath et à tous les gens de Footprint Workers Co-Op ; à Malcolm chez Housmans, Jon Active, Steve the Vegan Warrior ; à tous les étudiants et participants de mes cours, à mes hôtes et coenseignants et à ceux que j'oublie d'inclure – vous savez qui vous êtes et que je vous apprécie !

Un merci spécial à Robert Hart, Kathleen Jannaway, Ben Law, Graham Bell, David Holmgren et Bill Mollison pour m'avoir engagé dans cette voie.

Le traducteur remercie Sandrine Seydoux, Marie-Claude Plourde et Meghan Kelly pour l'aide apportée à la traduction française.

Faites circuler nos livres.
Discutez-en avec d'autres personnes.

Si vous avez des commentaires, faites-les-nous parvenir ; nous les communiquerons avec plaisir aux auteur.e.s et à notre comité éditorial.

écosociété

Les Éditions Écosociété
C.P. 32 052, comptoir Saint-André
Montréal (Québec) H2L 4Y5
ecosociete@ecosociete.org
www.ecosociete.org

Nos diffuseurs

Canada
Diffusion Dimedia inc.
Tél. : (514) 336-3941
general@dimedia.qc.ca

France et Belgique
DG Diffusion
Tél. : 05 61 00 09 99
dg@dgdiffusion.com

Suisse
Servidis S.A
Tél. : 022 960 95 25
commandes@servidis.ch

RECYCLÉ
Papier
FSC FSC® C100212

Achevé d'imprimer
en mars deux mille seize, sur les presses
de l'imprimerie Gauvin, Gatineau, Québec